RAINER FRENTZEL-BEYME

EINFÜHRUNG IN DIE EPIDEMIOLOGIE

DIE MEDIZIN

Einführungen in Gegenstand, Methoden und Ergebnisse
ihrer Teildisziplinen und Hilfswissenschaften

1985
WISSENSCHAFTLICHE BUCHGESELLSCHAFT
DARMSTADT

RAINER FRENTZEL-BEYME

EINFÜHRUNG IN DIE EPIDEMIOLOGIE

1985
WISSENSCHAFTLICHE BUCHGESELLSCHAFT
DARMSTADT

CIP-Kurztitelaufnahme der Deutschen Bibliothek

Frentzel-Beyme, Rainer:
Einführung in die Epidemiologie / Rainer Frentzel-Beyme. – Darmstadt: Wissenschaftliche Buchgesellschaft, 1985.
(Die Medizin)
ISBN 3-534-08761-5

12345

Bestellnummer 8761-5

Satz: Maschinensetzerei Janß, Pfungstadt
Druck und Einband: Wissenschaftliche Buchgesellschaft, Darmstadt
Printed in Germany
Schrift: Linotype Garamond, 10/11

ISSN 0724-5041
ISBN 3-534-08761-5

Für B., F. & A.

INHALTSVERZEICHNIS

VORBEMERKUNGEN

Diese Einführung soll keine Kopie irgendeines guten oder gerade aktuellen Buches im In- oder Ausland sein, sondern eine Hinführung zu den betreffenden Lehrbüchern, die augenblicklich zur Verfügung stehen. Derartige Texte sind ausschließlich in englischer Sprache erschienen, was auf die Tradition der modernen Epidemiologie hinweist und teilweise auch erklärt, daß über die WHO eine internationale Verbreitung epidemiologischer Methoden in Theorie und Praxis derartig wirkungsvoll erfolgen konnte, weil in allen Ländern, die sich des Englischen als der Verkehrssprache bedienen, epidemiologische Feldstudien und deren Einfluß auf das öffentliche Gesundheitswesen festzustellen sind. Hier kann man skandinavische Länder ebenso wie Israel, Jugoslawien, Japan oder China und nicht zuletzt Italien erwähnen.

Länder mit altehrwürdiger medizinischer Tradition wie Frankreich, Deutschland und auch die osteuropäischen Staaten zeigen dagegen eine merkwürdige Zurückhaltung gegenüber der Epidemiologie. Dies beginnt schon bei der Lehre und ist auf allen Gebieten der präventivmedizinischen Forschung zu spüren. Teilweise existiert noch der Glaube, Epidemiologie könne vom Mediziner oder von den Fachrichtungen sozusagen mit der linken Hand und nebenher betrieben werden. Dieser Einschätzung ist es wahrscheinlich zuzuschreiben, daß von weniger berufener Seite eine Epidemiologie vertreten wurde und wird, die mit Recht auf internationaler Ebene nichts gilt und wodurch wiederum sowohl im Lande als auch in der Kommunikation nach außen eine gewisse Stagnation bestehen bleibt.

Hier wäre es nun an der Zeit, sich der allgemeinen Entwicklung verstärkt anzuschließen und auch eine stärkere Bereitschaft zur Übernahme der bereits bewährten Methoden zu entwickeln. Dabei soll bereits hier betont werden, daß Epidemiologie nicht ausschließlich Methode ist, sondern sich wie jede andere Wissenschaft bestimmter Methoden bedient, durch diese jedoch nicht definiert ist. Das muß besonders deshalb betont werden, weil man oft noch eine Gleichsetzung von medizinischer Statistik, sozialmedizinischen Aktivitäten und geographischer Pathologie mit Epidemiologie antreffen kann.

I. GEGENSTAND DER EPIDEMIOLOGIE

Epidemiologie wird mit sehr unterschiedlichen Bedeutungen verbunden und als Wissenschaft auch sehr unterschiedlich eingeschätzt. Epidemiologie kann als die Wissenschaft definiert werden, deren Gegenstand die Verteilung und Ausbreitungsweisen von Krankheiten in menschlichen Bevölkerungen ist. Der Begriff wird von dem griechischen *epi demos* abgeleitet, was wörtlich übersetzt „auf der Bevölkerung" bedeutet. Will man dieser Wissenschaftsrichtung wirklich gerecht werden, so ist es wichtig, jeweils diese ursprüngliche Bedeutung im Gedächtnis zu haben, da nicht nur die Neuerkrankungsfälle zu berücksichtigen sind, sondern auch die dazu gehörenden Bevölkerungen, in welchen bestimmte Krankheiten aufgetreten sind. Auch die Begriffe Verbreitung und Ausbreitungsformen sind zu erklären. Verbreitung von Krankheiten bezieht sich sowohl auf Erkennung eines Krankheitsbildes als auch auf die Eigenschaften von solchen Personen, die diese Krankheit haben, also ihre genaue Beschreibung hinsichtlich des Alters, Geschlechts, des Berufes und sozialer Eigenschaften sowie des langzeitigen Wohnortes, aber auch ihrer Empfänglichkeit gegenüber krankmachenden Einflüssen und ihrer Empfindlichkeit, wie sie sich in ihrer mehr oder weniger heftigen Reaktion durch Krankheit äußern.

Die Ausbreitungsform dagegen betrifft die zeitliche Verbreitung oder gar zeitliche Veränderungen im Sinne von Trends oder Zunahmen und Abnahmen der Krankheitsformen, schließlich die wichtige Frage des zeitlichen Intervalls zwischen Einwirken einer krankmachenden Substanz oder eines Risikofaktors und dem Beginn der Krankheit.[1]

Definitionen des Begriffes Krankheit und der Messung von Krankheiten mit bestimmten Maßzahlen werden an anderer Stelle ausführlich behandelt; hier soll lediglich festgestellt werden, daß es sich nicht immer um Krankheiten im herkömmlichen Sinne handeln muß, sondern auch um veränderte Funktionen, die vom sog. nor-

[1] Diese Periode wird als Inkubationszeit (bei übertragbaren Krankheiten) und Latenzzeit (z. B. bei chronischen Krankheiten) bezeichnet.

malen Bezugswert abweichen, aber auch Ereignisse wie Unfälle[2], angeborene Eigenschaften und dergleichen Bedingungen, die irgendeinen Bezug zur Gesundheit haben können.

Die in der Epidemiologie üblichen Messungen gelten der Untersuchung von Beziehungen zwischen Ursache und Wirkung und haben nicht nur das Ziel, die Verbreitung von Krankheiten und deren Ursachen besser zu verstehen, sondern auch und vor allem für Zwecke der Prävention genutzt zu werden. Die Suche nach den Ursachen dient somit deren Verhütung.

Grundsätzliche Formen dieser Verhütung sind einerseits die Beseitigung krankmachender Faktoren, andererseits die Vorwegnahme der Erkrankung durch Impfung zu einem für die Abwehr der krankmachenden Erreger günstigen Zeitpunkt mit Vorliegen einer optimalen Abwehrbereitschaft des Körpers oder auch die Früherkennung chronischer Krankheiten zur Abwendung schwerwiegender Folgen. Die Auswertung solcher Maßnahmen der Vorbeugung gehört auch zum Aufgabengebiet der epidemiologischen Forschung, so z. B. in Form der Untersuchung der Wirksamkeit von Impfungen und vorbeugenden Maßnahmen, wie Früherkennungsprogrammen bei Säuglingen oder im Rahmen der Krebsvorsorge. Hierdurch wird angestrebt, Scheinerfolge von wirklich effizienten Maßnahmen abzusetzen (Pflanz, 1973).

Diese Einführung in die Epidemiologie soll der Begriffsbestimmung und der Würdigung dieser Wissenschaftsrichtung in der Medizin dienen, und sie wird an Hand einer Reihe von Beispielen, zum Teil solchen aus der Vergangenheit, deren Bedeutung für die zukünftige Krankheitsursachenforschung nachweisen. Damit ist der Oberbegriff bereits genannt, unter dem Epidemiologie hauptsächlich rangiert, nämlich die Erforschung der Ursachen von Krankheiten, also ihrer Ätiologie. Mit Erforschung ist dabei alles gemeint, was zwischen dem Auftauchen eines Verdachts einer ursächlichen Beziehung und dem Nachweis eines ursächlichen Zusammenhangs mit quantitativen Methoden liegt.[3] Hierbei werden die epidemiologischen Methoden und auch die verschiedenen Stufen der epidemio-

[2] So wurde kürzlich beispielsweise über eine ›Epidemiologie des Skiunfalls‹ publiziert.

[3] In dieses Konzept wird selbstverständlich auch der Nachweis der Wirksamkeit solcher Maßnahmen einbezogen, die der Verhütung einmal vermuteter Ursachen oder der Verhütung von Risikosituationen dienen, mit anderen Worten eine Effektivitätskontrolle.

logischen Argumentation angesprochen. Letztlich wird auch festzustellen sein, daß ein gültiger Beweis einer Kausalbeziehung nur in bestimmten Fällen und dann auch nur annähernd möglich ist, meist aber dem Experiment vorbehalten bleibt. Dies gilt in besonderem Maße für die Ätiologie sog. chronischer Krankheiten und bei multifaktoriellen Ursachen.

Hierbei ist auch immer zu beachten, daß Wissenschaft sich des Experimentes bedient und bestrebt ist, Ergebnisse mit Hilfe eines Modells zu erklären oder darzustellen. Auch die Epidemiologie bedient sich grundsätzlich dieses Ansatzes, und für sie gilt dies vielleicht noch mehr als für andere Humanwissenschaften. Dabei besteht die Besonderheit der Epidemiologie darin, daß sie sich als einzige Wissenschaft mit dem natürlichen Auftreten von Krankheit in menschlichen Bevölkerungen befaßt, wo sich Experimente bekanntlich verbieten. Dafür werden jedoch die vielfältig und ständig ablaufenden natürlichen Experimente genutzt, die fachmännisch rekonstruiert und mit den entsprechenden Vorbehalten und Einschränkungen ausgewertet werden müssen. Diese Einschränkungen ergeben sich daraus, daß solche natürlichen Experimente selten oder nie so abgelaufen sind, daß sie den Anforderungen eines naturwissenschaftlichen Experimentes genügen. Solche quasi-experimentellen Daten, häufig auch etwas abwertend Beobachtungsdaten genannt, sind weitgehend die Basis für wesentliche Erkenntnisse und das fortwährende Lernen der Menschheit gewesen. Die Astronomie oder Geologie z. B. basieren hauptsächlich auf beobachtenden Untersuchungen. Geplante Experimente dagegen sind verhältnismäßig kurzzeitig „in Mode“ gekommen, werden jedoch seitdem als die ideale, da einzig zuverlässige Basis für die Gewinnung gesicherter Erkenntnisse betrachtet. Das geht so weit, daß der Eindruck vorzuherrschen beginnt, alle anderen Daten seien ungeeignet für zuverlässige Analysen. Demgegenüber hat der Biostatistiker N. Mantel festgestellt, daß sehr wahrscheinlich “observational data” auch weiterhin die beherrschende Rolle beim Lernen und der Forschung spielen werden. Daher ist das „Wie“ solcher Auswertungen von unbeabsichtigten und oft sehr interessanten natürlichen Experimenten der Hauptgegenstand der Epidemiologie – und auch dieser Einführung. Das Gewicht dieser Einführung soll auf der Darstellung der systematischen und der methodischen Aspekte in der Epidemiologie liegen, nicht sosehr jedoch die Statistik betreffen.

II. PRINZIPIELLE BEMERKUNGEN ZUR METHODIK DER EPIDEMIOLOGIE

1. Vorgehen in der epidemiologischen Forschung

Vor einiger Zeit wurde in der Laienpresse der USA folgende Episode aus dem England des vorigen Jahrhunderts publiziert, die die entscheidende Rolle veranschaulichen hilft, die erkrankte Personen bei der Erkennung von Gefährdungen spielen können. Zur Erkennung eines Gesundheitsrisikos durch schlagende Wetter oder Giftgase in den Kohlengruben nahm man in England damals Kanarienvögel mit in den Schacht. Die Bergleute wußten, daß akute Lebensgefahr bestand und sie die risikoträchtige Umwelt unverzüglich verlassen mußten, sobald ein Vogel betäubt umfiel.

Dem Auftreten der Ohnmacht bei den Kanarienvögeln entsprechen diejenigen Krankheitsfälle in der Bevölkerung, die nicht erwartet wurden bzw. aus dem Rahmen des „normalen" Erwartungswertes fallen. Sie werden daher als Indikatoren für erkennbare Risikofaktoren angesehen, und die Logik des Vorgehens ist deshalb auch, daß solche zusätzlichen Risikofaktoren zur Erkennung von vermeidbaren oder verhütbaren Situationen verhelfen können, wenn das auch nicht immer so einfach sein dürfte wie im Bergwerk – nämlich mit dem Verlassen der gefährlichen Umgebung.

Zum Vergleich von beobachteten Krankheitsfällen werden die erwarteten, also normalerweise auftretenden Werte benötigt, d. h. die Anzahl der Kranken, wenn eine bestimmte Risikosituation nicht gegeben ist. Das Prinzip aller epidemiologischen Methoden beruht auf diesem Vergleich, und dafür werden die Inzidenzen benötigt.[1]

[1] Inzidenz: Anzahl der Neuerkrankungen in einem definierten Zeitraum (und in einer definierten Bevölkerung). Abgeleitet von lat. incadere (hineinfallen). Die Inzidenzrate hat die Anzahl der Ereignisse (= Neuerkrankungsfälle) im Zähler und die definierte Risikobevölkerung im Nenner und wird meist auf 100000 Personen und ein Kalenderjahr bezogen. Sie ist die Meßgröße für die Proportion neuer Krankheitsfälle in der Bevölkerung,

2. Deskriptive und analytische Epidemiologie

Zwei Hauptarbeitsgebiete der Epidemiologie haben sich herausgebildet, die deskriptive und die analytische Epidemiologie.

Die deskriptive Richtung betreibt beschreibende Auswertungen auf der Basis von bestehenden und verfügbaren, oft routinemäßig gesammelten Angaben, die in bestimmten Fällen zur Findung von Hypothesen dienen. Zu solchen „Routinedaten" gehören auch die von Todesbescheinigungen entnommenen Sterblichkeitsdaten oder Morbiditätsangaben, die aus Krankenhaus-Dokumentationen und nicht zuletzt von Registern (z. B. Krebsregistern) stammen.

Die analytische Richtung, auch ätiologische Epidemiologie genannt, nützt das Prinzip der experimentellen Vorgehensweise, um aus deskriptiven Auswertungen entwickelte Hypothesen zu überprüfen. Hierbei werden entweder bereits abgelaufene, sog. natürliche Experimente rekonstruiert und ausgenutzt oder experimentähnliche Situationen geschaffen (Kohortenstudien mit kontrollierter Erfassung von Studienmitgliedern). Das wesentliche Merkmal dieser Forschungsrichtung ist jedoch, daß für die beabsichtigte Aussage – nämlich eine Beurteilung der mit einer Risikosituation verbundenen Gesundheitsgefährdung – die erforderlichen Daten eigens erhoben werden müssen. Dies gilt ja auch für jedes Experiment, und hierdurch werden oft hohe Kosten verursacht – ein Faktor, der bei der Verwendung bereits existierender Routinedaten in der deskriptiven Epidemiologie weitgehend entfällt. Daß dieser Kostenaspekt zur bisher erkennbaren Vernachlässigung der epidemiologischen Forschung in Deutschland beigetragen hat, läßt sich lediglich vermuten.

Dabei besteht der entscheidende Unterschied zur Auswertung von routinemäßig erhobenen Daten, wie beispielsweise im Gesundheitswesen durch die deskriptive Epidemiologie, eben darin, daß in analytischen Studien die Daten erst nach Formulierung einer Fragestellung oder Hypothese zum Zwecke deren Überprüfung erhoben werden. Damit wird sichergestellt, daß die Daten auch geeignet sind, diese Fragestellung tatsächlich zu beantworten.

Wenn die Daten mit dieser Zielstellung erhoben werden und die erforderliche Qualität haben, ist die Bewertung eines Gesundheits-

sowohl für akute, kurzdauernde Infektionen als auch die jeweils in dieser Periode diagnostizierten chronischen Krankheiten wie Tuberkulose oder Krebs.

risikos mittels verschiedener Methoden möglich, die auf folgenden Grundkonzepten beruhen:
- daß das Auftreten von Krankheiten in Abhängigkeit von rekonstruierbaren Bedingungen erfolgt;
- daß Ursachen von Krankheiten unbedingt vor deren Auftreten einwirken müssen und daher auch vorher gesucht werden müssen (womit gesagt werden soll, daß die am bereits erkrankten Patienten erhobenen Befunde oft weniger geeignet sein können, Rückschlüsse auf eine Krankheitsursache zu ziehen);
- daß aus einmal erkannten Ursachen nicht nur Möglichkeiten der Prävention hervorgehen, sondern die Überprüfung der Wirksamkeit einer verhütenden Maßnahme auch wiederum die Absicherung und Überprüfung des ursächlichen Zusammenhangs ermöglicht (wie z. B. nach Einführung des Strahlenschutzes für Ärzte zu erkennen war, s. Kapitel XI. 3).

Die Epidemiologie ist damit auch in der Lage, oft vor der Aufklärung biologischer und pathogenetischer Mechanismen der Krankheitsentstehung schon praktische Prävention zu ermöglichen.

Das Hauptthema der deskriptiven Epidemiologie ist die Beschreibung der Häufigkeit von Krankheiten und darüber hinaus die Gewinnung von Hinweisen, wo Krankheiten häufiger als erwartet vorkommen und daß ein ursächlicher Faktor wahrscheinlich erkennbar ist. Für diese Beschreibung sind Angaben zu folgenden Fragen erforderlich:
- Wer ist bzw. wie viele sind erkrankt?
- Wo sind Krankheitsfälle aufgetreten?
- Wann sind diese Personen erkrankt?

Die Beschreibung der Häufigkeitsverteilung von Krankheiten verwendet Merkmale wie
- Alter;
- Geschlecht;
- Krankheitstyp und Sitz im Körper (z. B. verschiedene Krebsformen);
- Soziale Bedingungen und Verhaltensformen.

Die Dokumentation erfolgt immer mit Bezug auf die gesamte Bevölkerung, damit ein Vergleich von Raten, die einen gemeinsamen Bezug haben, möglich wird. Dieses Vorgehen steht im Gegensatz zur Dokumentation in klinischen Einrichtungen, wo Angaben der absoluten Patientenzahlen ohne Bezug auf eine Gesamtheit verarbeitet werden.

Für die Gewinnung der erforderlichen Daten sind Erhebungsinstrumente erforderlich. Diese umfassen in den Staaten mit modernem Gesundheitswesen und epidemiologischer Forschung Reihenuntersuchungen, die Sterblichkeitsstatistik und darüber hinaus Krankheitsstatistiken, wie z. B. Register für Mißbildungen, Krebs, Arzneimittelnebenwirkungen usw. Schließlich bildet die deskriptive Epidemiologie die Voraussetzung für die analytische Forschungsrichtung.

Weil das Hauptthema der analytischen Epidemiologie die Suche nach dem Zusammenhang zwischen Ursache und Wirkung ist (und als Wirkung werden die Krankheit oder der Tod betrachtet), ergibt sich als Anschlußfrage an die oben gestellten drei Grundfragen „wer, wo und wann?“ folgerichtig:
– weshalb sind die Personen erkrankt?

Dabei kann die Frage noch präzisiert werden in: wie stark ist ein Faktor bei der Krankheitsentstehung beteiligt? Ist der Zusammenhang so deutlich, daß dies auf eine Ursache-Wirkung-Beziehung hindeutet? Ist diese Beziehung quantifizierbar?

Ein Beispiel für eine Hypothese zur vermuteten Ursache von Krankheiten auf der Basis der erwähnten deskriptiv-analytischen Analysen ist das Auftreten von unerwartet vielen Asthmatodesfällen in England nach der Einführung eines viel zu starken Medikaments in Form eines Aerosol-Sprays. Die Untersuchung dieses Befundes wird ausführlich in Kapitel VIII. 5 „Beispiele der Nutzung von Sterblichkeitsdaten“ beschrieben. Hier soll der Hinweis genügen, daß in Form einer Hypothese klar und deutlich formuliert werden muß, was notwendigerweise vor dem Auftreten von Krankheiten vorzukommen hatte, damit mehr Krankheitsfälle als erwartet auftreten konnten. Wie werden solche Zusammenhänge nun getestet? Dazu muß man sich über den „Erwartungswert“ klar werden, eine mit Hilfe der Inzidenzen berechenbare – und für den Epidemiologen die „kritische“ – Größe.

Dem einzelnen Arzt ist es oft nicht möglich, eine Häufung von Krankheitsfällen zu erkennen, die unabhängig von einer zufälligen Schwankung ist. Solche zufälligen Schwankungen können sich daraus ergeben, daß der gute Ruf einer bestimmten Behandlungsweise zu einem Anstieg des Zustroms von Patienten in die spezielle Klinik oder Praxis führt oder daß auch einmal eine zufällige Häufung des Zeitpunktes des Auftretens einer Krankheit erfolgt, ohne daß diese mit einer absoluten Zunahme verbunden ist, z. B. bei solchen chronischen Krankheiten, die sich eventuell kurz vor oder nach bestimmten Feiertagen häufen, weil dann bestimmte Umstände zu stärkeren Belastungen oder zur Erkennung der Krankheit führen (was aber auch schon wieder mit zusätzlichen Risikofaktoren verbunden sein kann, die ebenso untersuchbar und erkennbar sind!). Der Gewinnung des nötigen Vergleichs- oder Erwartungswertes gelten große Bemühungen in der Epidemiologie – und jede Studie dient eigentlich nur diesem Ziel. Die dazu erforderlichen Vorgehensweisen werden in Kapitel X. 2 dargestellt.

Bevorzugte Definitionen der international gebräuchlichen Begriffe und Standardausdrücke der Epidemiologie (sog. "preferred terms") finden sich im Dictionary of Epidemiology der International Epidemiological Association (IEA) (Last 1983).

Grundlegende Gesichtspunkte des epidemiologischen Denkens und Vorgehens behandelt – teilweise in philosophischer Form – M. Susser in seinem bemerkenswerten Buch ›Causal Thinking in the Health Sciences‹ (Susser, 1973).

III. HISTORISCHE ENTWICKLUNG

Die historischen Aspekte der Entwicklung und Anwendung epidemiologischer Erkenntnisse seit dem Mittelalter wurden von Lilienfeld (1977) sehr anschaulich dargestellt. Selbst Hippokrates hat auf den Einfluß von Umweltbedingungen auf die Krankheitshäufigkeit hingewiesen, während im 15. Jahrhundert dann G. Fracastoro in seinem Buch ›De Contagione‹ (1546) eine erste Übertragungstheorie entwickelte, woraus heute der Begriff kontagiöse Krankheiten für alle übertragbaren Formen resultiert. Praktische Gesundheitsstatistik wurde dann hauptsächlich in England betrieben, wo seit 1692 systematische Auswertungen der Todesursachen erfolgten, und zwar zunächst durch den Kaufmann John Graunt. Aufgrund seiner Aktivitäten entwickelten sich dann weitere Formen der Nutzung der anfallenden Informationen, die zusammen mit der sozialen Reformbewegung und einer Sanitätsreform Gestalt annahmen. Seit 1837 existiert in England ein "General Register", in dessen Amt alle medizinisch-statistischen Angaben zusammenlaufen (z. B. Geburten und Todesfälle sowie deren Ursachen), die jährlich publiziert werden. In Zeiten bedrohlicher Krankheitsausbreitung wurden von diesem Amt aus für Forschungszwecke erste Auswertungen der statistischen Daten versucht, und William Farr untersuchte eine Übertragungshypothese der Cholera anhand der verfügbaren Daten. Als Resultat solcher Arbeiten, die auch die Anwendung statistischer Methoden beinhalten, begannen Medizinalstatistiken eine bedeutende Rolle für die Entwicklung der Epidemiologie zu spielen. Andere wichtige Schritte auf dem Gebiet der Methodenentwicklung (z. B. experimentelle Epidemiologie) sind von Lilienfeld ausführlich behandelt worden. Hierzu wird die bahnbrechende Arbeit von John Snow bei der Aufdeckung der Ursache für die Cholera in England weiter unten ausführlich dargestellt, da sie Grundzüge eines Experiments aufwies.

1. *Anfänge der Epidemiologie in Deutschland*

In Deutschland wird bereits seit über 100 Jahren aktiv auf Gebieten der Infektionskrankheiten-Epidemiologie gearbeitet. *Friedrich Wolter* hat 1926 in der Denkschrift zur Errichtung des Hamburgischen Forschungsinstituts für Epidemiologie die Grundlagen der beiden Hauptrichtungen in der epidemiologischen Forschung überraschend weitsichtig herausgearbeitet. Seine Worte können heute noch als gültig betrachtet werden: „Studien auf epidemiologischem Gebiet sind Wanderungen im Hochgebirge vergleichbar, nicht nur was ihre besonderen Schwierigkeiten, sondern auch die gewaltigen Eindrücke elementarer Naturerscheinungen und die Erhabenheit des Zieles betrifft . . . Die ganze epidemiologische Forschung sei (nach der Ansicht vieler) wenig befriedigend, weil man sich stets einem Gewirre von Unbekannten gegenübersehe, und doch gewährt es eine seltene Freude und Befriedigung – ganz ähnlich, wie wenn im Hochgebirge die Nebel sich heben und die Aussicht klar wird –, wenn man nach langer, mühsamer und scheinbar recht undankbarer Wanderung aus epidemiologischem Gebiete durch eine vergleichend-epidemiologische Betrachtung in dieses Gewirre von Unbekannten größere Klarheit dringen sieht, indem man zur Erkenntnis der großartigen örtlichen und zeitlichen Gesetzmäßigkeiten von elementaren Naturereignissen (als die sich Epidemien und Pandemien darstellen) gelangt“ (Wolter, 1926).

Mit einem Zitat von Soyka leitet Wolter zur Beschreibung der damals bereits existierenden zwei grundsätzlichen Forschungsrichtungen in der Epidemiologie über: „Zur Feststellung epidemiologischer Gesetze sind eben Epidemien notwendig, und mit dem Aufhören der Epidemien und dem nur sporadischen Auftreten der Seuchen tritt zusehends die Herrschaft des scheinbaren Zufalls in Erscheinung.“

Die Hauptrepräsentanten der beiden Forschungsrichtungen in der Epidemiologie, wie sie sich damals in Deutschland herauskristallisiert hat, waren *Robert Koch* und *Max von Pettenkofer*. Robert Koch sah den kranken Menschen oder einen gesunden Bazillenträger als die Ursache der Seuchenentstehung an und die Entstehung der Epidemien danach als Folge einer Einschleppung oder direkter bzw. indirekter Übertragung von Krankheitserregern. Die gesamte Forschungsrichtung ging von der Ansicht aus, daß es nicht notwendig sei, Epidemien in toto zu studieren; ihre Vertreter trauten sich vielmehr die Kunst zu, aus den kleinen Bruchstücken eine vollständige Naturgeschichte der Epidemien abzuleiten.

Pettenkofer dagegen erklärte die Entstehung von Epidemien aus gewissen örtlichen und zeitlichen bzw. klimatischen Verhältnissen; nach ihm (und besonders in Folge seines berühmten Selbstversuches mit der Einverleibung von Cholerabazillen) ist zu unterscheiden (bezüglich der Cholera) zwischen dem Cholerafall und der Choleraepidemie. Diese Forschungsrichtung beschäftigte sich zuerst mit dem Ganzen und wagte sich dann erst an die Deutung von Einzelerscheinungen. Damit verbunden ist aber die Notwendigkeit von Beobachtungen im großen Stil und vollständiger Erhebungen über alle auftretenden Befunde. Dabei wurde bereits damals ein exaktes Forschungsmittel benötigt, die Statistik, und zwar in derselben Weise, wie sie auf Gebieten der Physik oder der Chemie und mit Hilfe von Meßinstrumenten in Gebrauch war. Dieser Forschungsweg erschien den damaligen Zeitgenossen unendlich viel mühsamer als der spekulative, wurde aber als desto sicherer zur Erkenntnis der Wahrheit führend angesehen. Interessant war die Feststellung Wolters zur Kennzeichnung der Denk- und Argumentationsweise von Pettenkofer, nämlich, daß der aus einer Cholerasituation kommende Kranke oder Gesunde in seinen Kleidern oder Ausscheidungen so viel Infektionsstoff mitbringen kann, daß es genügt, einzelnen Personen die Krankheitsursache zu übermitteln. Niemals aber könne auf diese Weise eine Epidemie entstehen. Was damit gemeint ist, läßt sich an der Verbreitung heutiger Choleraherde demonstrieren: Diese Epidemien treten nur noch in solchen Gebieten Asiens auf, in denen neben den Erregern auch die sozialen und umweltmäßigen Bedingungen herrschen, die für eine Übertragung über infiziertes Trinkwasser auf abwehrgeschwächte Individuen erforderlich sind.

Noch heute steht die medizinische Wissenschaft unter dem starken Einfluß der Bakteriologie und Krankheitsursachenforschung mit Hilfe des Experiments, wie sie ja von Koch maßgebend begründet wurde. Robert Koch und seine Schüler glaubten allein aus der Bakteriologie, der Parasitologie sowie der Immunitätsforschung die Entstehungsursachen der Epidemien und die Gesetze des pathologischen Geschehens auf epidemiologischem Gebiet ableiten zu können. Dabei hatte Pettenkofer schon damals gefordert, daß die Epidemiologie zuerst als beschreibende Naturwissenschaft betrieben werden sollte, bevor man an Erklärungsversuche ginge, und damit verbunden war die Forderung, daß die epidemiologische Forschung, obwohl sie als solche nicht anerkannt sei, doch ein eigenes Forschungsgebiet darzustellen hätte. Damals wie heute lagen Gedankengänge der Prophylaxe dem sog. Praktiker immer noch etwas fern, und noch ferner lag und liegt es, sich über die Entstehung und das Vergehen von Seuchen und anderen Massenphänomenen Gedanken zu machen. Dies soll nicht als Vorwurf zu verstehen sein, da während des Medizinstudiums (und erst recht im Anschluß daran in der täglichen Praxis) eine eindrucksvolle Begegnung mit epidemischen Phänomenen gewöhnlich fehlt und angesichts des Ansturms von Routineaufgaben der täglichen Diagnostik vielfältiger Krankheitsbilder alle Aspekte der Vorbeugung und der Gesunderhaltung noch gesunder Personen zwangsläufig in den Hintergrund treten müssen. Anders ist es für den Entwicklungshelfer im tropischen Ausland, der zuweilen sehr eindringlich den ganzen Impakt einer Krankheitsübertragung erkennen muß, insbesondere wenn die Krankheit mit einer hohen Sterblichkeit verbunden ist.

Wolter meinte auch, daß Hamburg wohl als geeigneter Ort für ein Institut bezeichnet werden könne, um eine damals bereits empfundene Lücke auszufüllen, und zwar sowohl wegen seiner internationalen Verbindungen mit allen Teilen der Erde als auch wegen bereits bestehender Forschungsinstitute in diesem Stadtstaat (Hygieneinstitut, Tropeninstitut, Meteorologisches Institut der Seewetterwarte und viele andere Forschungsinstitute). Hinzu kam die schon erwähnte Tatsache, daß Hamburg mit seiner bereits großen Stadtbevölkerung von verschiedenen epidemischen Krankheiten überdurchschnittlich betroffen war, wozu nach der Pest gerade die Cholera und der Typhus gehörten. Hierdurch war ein Interesse an der „noch immer unentschiedenen Frage ... ob die Epidemien ... durch Einschleppung und direkte oder indirekte Übertragung entstehen ... oder ob es sich um elementare Naturereignisse handelte, die sich nicht so sehr unserer wissenschaftlichen Erkenntnis, aber einer wirksamen Beeinflussung jedenfalls zum Teil entziehen, wie das nach der Auffassung von der örtlich-zeitlichen Bedingtheit der Seuchenentstehung wahrscheinlich ist“ [1].

[1] Das in der Folklore bereits lange bekannte Problem der durch psychische Erschütterung deutlich veränderten Empfänglichkeit für Krankheiten wurde von Georg Binding in ein literarisches Gewand gekleidet, indem er in seiner Novelle ›Der Opfergang‹ eine selektive, tödliche Erkrankung des nur kurzfristig exponierten Helden während der Choleraepidemie in Hamburg schildert.

Ausgesprochen stark kann dieser Eindruck werden, wenn jede erfolgreiche medizinische Behandlung dadurch vereitelt wird, daß der eben erst Behandelte sogleich wieder mit der Krankheitsursache in Berührung kommen und folglich erneut erkranken kann und damit alle ärztlichen Bemühungen – wie in das sprichwörtliche Faß ohne Boden – ins Leere gehen.

Bei einem historischen Überblick über Bemühungen einer systematischen Erfassung von Krankheiten für Zwecke der Forschung in Deutschland darf die ›Geographische Pathologie‹ von *August Hirsch* nicht fehlen. Dieses mehrbändige Werk erschien ab 1881 und war von so großem internationalen Interesse, daß es bereits 1883 in die englische Sprache übertragen und auch in den USA verbreitet wurde (Abb. 1). Begriffe wie geographische und historische Pathologie und auch medizinische Geographie wurden damals für oft deskriptiv-epidemiologische Themen verwendet. Hirsch weist in seinem Vorwort zu seinem ›Handbuch der Geographischen und Historischen Pathologie‹ darauf hin, daß systematische Zusammenstellungen über Gesundheit und Krankheit oft durch das Militärwesen veranlaßt wurden, so daß sogar Angaben über Klima und „Medizinische Anthropologie“ mit erstaunlicher Intensität und militärischer Akribie gesammelt wurden. Er würdigt dabei auch die Arbeiten französischer, englischer und amerikanischer Ärzte und erwähnt die damals bereits bestehende Epidemiological Society of London. Als ein Kuriosum findet sich beim Studium seiner erstaunlichen Datensammlung, daß bereits 1874 in Deutschland eine ›Allgemeine Zeitschrift für Epidemiologie‹ existierte – eine Tatsache, die man 100 Jahre später leider nicht (oder noch nicht wieder?) feststellen kann.

Über die damals bereits aktive epidemiologische Forschung gelangte Hirsch an die vielfältigen Informationen seines Handbuches. Zwei Beispiele für die Art der Darstellung von Hirsch ergeben die Kapitel über Influenza und über die Cholera. Im Kapitel über Influenza behandelt er, neben der „reinen“ geographischen Verbreitung, die ja gerade bei dieser Krankheitsform ständig wechselt, auch epidemiologische Phänomene und Theorien, wie z. B. Einflußfaktoren bei der Krankheitsübertragung und -ausbreitung, der Krankheitsanfälligkeit, Typen von Epidemien und Erregern, Tierepidemien (unter Pferden) und das Konzept der “Herd Immunity”.

Ebenso interessant ist das Kapitel über Cholera, in dem im Jahre der Entdeckung des Erregers durch Robert Koch die ganze Vielfalt

HANDBOOK

OF

GEOGRAPHICAL AND HISTORICAL PATHOLOGY.

BY

DR. AUGUST HIRSCH,
PROFESSOR OF MEDICINE IN THE UNIVERSITY OF BERLIN.

Volume I.—Acute Infective Diseases.

TRANSLATED FROM THE SECOND GERMAN EDITION

BY

CHARLES CREIGHTON, M.D.

LONDON:
THE NEW SYDENHAM SOCIETY.

1883.

GEOGRAPHICAL

AND

HISTORICAL PATHOLOGY.

INTRODUCTION.

THE life of the organic world is the expression of a process called forth and sustained, in organisms that are capable of life, by the sum of all the influences which act upon them from without. The form and fashion of this process, accordingly, are determined by the kind of individuality and by the character of the environment. Each of those two factors shows many differences in time and in space. As regards the human species, the differences are expressed, for the first factor, in the distinctive qualities of generations separated by years, and of races and nationalities scattered over the globe; for the second factor, they are expressed in peculiarities of the climate and the soil, and of the animal and vegetable kingdoms in so far as these are brought into direct relation with man, and further, in the vicissitudes of politics, of social affairs, of the food-supply, and of mental training.

In these considerations lie the germs of a science, which, in an ideally complete form, would furnish a *medical history of mankind*, but which, treated more narrowly and so as to embrace only the pathological side of human life, will give: firstly, a picture of the occurrence, the distribution, and the types of the diseases of mankind, in distinct epochs of time, and at various points of the earth's surface; and, secondly, will render an account of the relations of those

1

Abb. 1: Titelseite der übersetzten Ausgabe von A. Hirschs geographischer und historischer Pathologie, in deren Einleitung auf die epidemiologischen Einflußgrößen der Krankheiten hingewiesen wird, individuelle Faktoren und Umwelt, aber auch Zeit und Raum.

der bis dahin diskutierten Theorien und Annahmen auftaucht. Bemerkenswert ist, daß die verschiedenen Seuchenzüge durch Europa minutiös beschrieben, Snows Bemühungen zur Prävention der Choleraausbreitung in London jedoch nicht einmal erwähnt werden. Allerdings wird in einem Kapitel die Tatsache ausführlich dargestellt, daß die Cholera den Flußläufen folgt, wobei die Niederungen und feuchte Luft verantwortlich gemacht werden, durch die Zersetzungsprozesse begünstigt würden. Viele Angaben und Beobachtungen aus den damaligen deutschen Daten spiegeln die Häufigkeit wider, mit der seinerzeit Seuchen wie diese in Mitteleuropa wüteten (Baden-Württemberg ebenso wie die Schweiz und Nordschottland schienen damals auffallend oft ausgespart zu sein).

Diese historischen Gegebenheiten können eine Erklärung dafür sein, daß bis heute in den Publikationen der deutschen Medizinalstatistik und Todesursachen-Dokumentation die Cholera ungeschmälert ihren Platz einnimmt, obwohl es seit Jahrzehnten keine Todesfälle mehr gab.

Die trotz des Fehlens der Snowschen Beiträge deutlich epidemiologische Denkweise von *Hirsch* äußert sich darin, daß er sich mit den Theorien des Einflusses des Bodens auseinandersetzt, und einer ausführlichen Darstellung dieser Evidenz[2] folgt ein Kapitel „Wie weit ist der Boden erforderlich – Epidemien an Bord von Schiffen", womit er bereits in der Überschrift die Unhaltbarkeit einer solchen Kausalität andeutet. Besonders faszinierend ist sein Eingehen auf Tierversuche in einer Zeit, als diese Art der naturwissenschaftlichen Nachprüfung von Theorien noch ziemlich selten gewesen zu sein scheint. Aus diesem Kapitel ergibt sich bereits die ganze Problematik der Tierversuche für Krankheiten, die den Menschen und speziell die Interaktion zwischen Menschen betreffen. Obwohl berühmte Wissenschaftler wie z. B. *Thiersch* sich mit Tierversuchen beschäftigt haben, gab es eine Reihe von erfolglosen Übertragungsversuchen, die mit großem Interesse gesehen wurden und einer eindeutigen Infektionstheorie entgegenzustehen schienen. Es blieb daher der bakteriologischen Ära überlassen, den kausalen Zusammenhang definitiv nachzuweisen. Dennoch waren aus der geographischen Pathologie eine Reihe von Beobachtungen und Hinweisen zusammengestellt worden, die völlig im Einklang mit der

[2] Wie wir heute wissen, korrelieren Oberflächenwasserversorgung und bestimmte Bodenbedingungen oft sehr stark – nur das damals unaufbereitete Oberflächenwasser konnte eben mit Cholera kontaminiert sein.

Übertragungshypothese standen, allerdings nicht immer entsprechend gedeutet wurden. Das Verdienst von *John Snow* bleibt daher, die Zusammenhänge als einer der wenigen richtig gedeutet zu haben.

2. *Cholera und Epidemiologie in England*

Dieses Kapitel ist dem wesentlichen Fortschritt gewidmet, der einer Nutzung epidemiologischen Denkens für Verhütung und Intervention zu danken ist. Die Studie von John Snow zur Aufdekkung der Ursache einer Choleraseuche in London im Jahre 1854 gilt als die erste erfolgreiche Identifizierung einer Krankheitsursache und deren Verhütung durch aktive Intervention. Mitte des 19. Jahrhunderts glaubte die Mehrzahl der Ärzte, daß schlechte Luft aus Sümpfen oder unvollständig beseitigte Abwässer eine mögliche Ursache epidemisch auftretender Infektionskrankheiten sein könnten. Diese sog. Miasma-Theorie entbehrte zwar weitgehend einer wissenschaftlichen Grundlage (außer der Beobachtung, daß Malaria häufig in Gegenden mit stehenden Gewässern aufzutreten pflegte), doch war bis zu der bahnbrechenden Studie von Snow auch keine bessere Erklärung für die rätselhaften Seuchenzüge zu finden gewesen. Die genaue Beobachtung des Auftretens typischer Krankheitssymptome bei bestimmten Personen und der wesentlichen Charakteristika ihrer Umwelt führte den britischen Arzt John Snow folgerichtig auf die Zusammenhänge zwischen dem Auftreten der Cholera und ihrem wichtigsten Übertragungsprinzip. Die Beobachtung der Kranken ergab, daß die Cholera immer wieder mit Symptomen im Verdauungstrakt einherging, wobei große Flüssigkeitsmengen in Form von Durchfällen ausgeschieden wurden. Snow folgerte nun, daß der krankheitserregende Faktor dabei auch massiv ausgeschieden werde. Die Beziehung zur Umwelt herzustellen war ein weiterer Schritt, indem nun auch ein Weg der Aufnahme dieses Faktors durch Gesunde rekonstruiert werden mußte. Wenn die Krankheitssubstanz durch den Mund aufgenommen würde, müßte einerseits eine unzureichende Hygiene eine bedeutsame Rolle spielen und andererseits ein überall anzutreffendes Vehikel beteiligt sein. Die direkte Ansteckung von Mensch zu Mensch erschien allein deshalb unwahrscheinlich, weil Personen, die in der Nähe von Choleraopfern lebten oder diese pflegten, besonders Ärzte und das Personal von Anstalten, Asylen und anderen Institutionen, auffällig selten erkrankten. Andererseits trat Cholera oft in weitverstreuten einzelnen Herden auf, was nicht zu einer direkten Übertragung mit zentrifugaler Ausbreitung paßte. Die zusätzliche Beobachtung, auch aus der Umwelt, daß während eines Choleraausbruchs 1843 Bewohner sämtlicher Häuser in einem Londoner Stadtteil betroffen waren außer einer Gruppe, die das übelriechende Wasser nicht zu trinken bereit war, führte ihn darauf, daß Trinkwasser die wahrscheinlichste Infektionsquelle sei. Von diesem Verdacht bis zum Nachweis eines ursächlichen Zusammenhangs war nun nur noch detektivische Kleinarbeit erforderlich, die mit der Beschaffung einer Liste sämtlicher Cholerasterbefälle im Zentrum von London, dem jetzigen Soho, begann. Ausgehend von dieser Liste schuf Snow eine Häufigkeitsverteilung auf einer Karte von London, die sofort erkennen ließ, daß sich die Todesfälle in der Umgebung einer bestimmten Wasserpumpe häuften. Schon allein diese Beobachtung führte dazu, daß Snow die Entfernung des Pumpenschwengels dieser zentralen Wasserquelle forderte und sogar selbst vornahm. Diese Aktion des Forschers gilt als eine der ersten primärpräventiven Handlungen, die einen sofort sichtbaren Effekt zeigte – den darauf einsetzenden Rückgang der Cholera. Dieser konnte allerdings auch die Folge einer vollständigen Durchseuchung der verfügbaren Risikobevölkerung und einer natürlichen Tendenz zur Abnahme der Neuerkrankungen (gewissermaßen nach Überschreitung des Zenits) zuzuschreiben sein. Um seine Hypothese der Übertragung durch das Trinkwasser zu überprüfen und vor allem zur weiteren Verhütung ähnlicher Übertragungsmöglichkeiten, bemühte sich Snow um weiteres Beweismaterial. Im Zuge dieser Sammlung von Daten stellte er fest, daß die Cholerahäufigkeit im südlich der Themse gelegenen Teil Londons noch größer als in anderen Stadtgebieten war. Hierbei kam ihm eine weitere Epidemie im Jahre 1853 zustatten, in der der Verdacht überprüft werden konnte, daß die Krankheitsausbreitung mit dem Typ der Wasserversorgung zu tun hatte. Das damalige London wurde hauptsächlich von zwei Wasserwerken versorgt, wobei das Trinkwasser der einen Gesellschaft an einer Stelle der Themse entnommen wurde, die stark mit Abwasser verunreinigt war. Bereits 1849 war die Cholerasterblichkeit unter den Abnehmern des Wassers dieser Firma deutlich höher gewesen als unter der übrigen Bevölkerung. 1853 traten dann in dem mit reinem Wasser versorgten Bereich der Stadt keine tödlichen Erkrankungen auf, wogegen in dem mit Flußwasser belieferten Distrikt die Zahl der Fälle wiederum beträchtlich war. In mühsamer Kleinarbeit stellte Snow bei der nächsten Epidemie im

Jahre 1854 über die Anschriften der an Cholera verstorbenen Personen die Wasserlieferanten der jeweiligen Häuser fest und analysierte somit ein natürliches Experiment, dessen Ergebnis den Beweis erbrachte, daß die Unterschiede der Cholerasterblichkeit nur auf die Art der Wasserversorgung zurückzuführen waren. Mit der Anzahl der in den Einzugsbereichen der Wasserwerke lebenden Einwohner konnten die Erkrankungsraten an Cholera berechnet und dann mittels des Inzidenzenvergleichs eine quantitative Risikorate angegeben werden, die eine sechsfache Sterblichkeit unter den Abnehmern des verseuchten Wassers ergab.

Das Verdienst von Snow war, nicht nur aufmerksam beobachtet und gewissenhaft Daten gesammelt, sondern ein unbeabsichtigt abgelaufenes Experiment erkannt und noch vor der Aufdeckung des Erregers der Cholera durch Robert Koch im Jahre 1883 den schlüssigen Nachweis der Übertragung und vor allen Dingen eine Möglichkeit der Verhütung dieser Übertragung geliefert zu haben.

Die Wirksamkeit der Entfernung eines Pumpenschwengels darf mit Recht etwas kritisch betrachtet werden; doch selbst wenn die 'Erfolgsstory' von Snow nicht vollkommen stimmen sollte, ist sie doch ein gutes Paradigma. Das heutige Bemühen gilt selbst in neuen Herdausbrüchen (die sog. 7. Pandemie begann 1961 in Indonesien und ist heute noch nicht völlig überwunden) der effektiven Chemotherapie des hochempfindlichen Erregers. Aufgrund von Modellberechnungen wird sogar Chemoprophylaxe empfohlen (Fine, 1982). Bei vielen Krankheiten, wie z. B. solchen mit komplizierten Übertragungszyklen oder multifaktorieller Genese (z. B. Krebs) hat der Einsatz von mathematischen Modellen einen großen Beitrag zum Erkennen wesentlicher Verständnislücken geliefert (Anderson und May, 1982).

IV. EPIDEMIOLOGIE HEUTE

In einer Abhandlung über die Fortschritte der quantitativen Methoden in der Epidemiologie hat *Lilienfeld* 1980 in einem Rückblick in das Jahr 1929 zu seiner Überraschung festgestellt, daß epidemiologische Studien in den Jahren um 1929 verhältnismäßig moderne Themen behandelten. In mehr als zehn international verbreiteten Zeitschriften wurden damals bereits Arbeiten über Themen der Infektionskrankheitenepidemiologie veröffentlicht. Darüber hinaus fanden sich aber auch schon Untersuchungen zur Gesundheit von Arbeitern in staubigen Berufen, Auswirkungen wiederholter täglicher Exposition gegenüber Methylbromit und Methylchlordämpfen. Hiermit ergeben sich Hinweise auf einen kontinuierlichen Prozeß der Anwendung epidemiologischer Methoden. Vor allem galt die Aufmerksamkeit Versuchen einer Auswertung von Gesundheitsmaßnahmen und ihres sog. Impakts auf die Ausbreitung von Krankheiten in den betreffenden Bevölkerungskreisen bzw. deren erfolgreicher Eindämmung. Bereits 1929 beschäftigte sich ein Wissenschaftler mit der Frage, ob Veränderungen der Krankheit langsam „zum Guten" eigentlich eine Folge gesundheitspolitischer Maßnahmen sein müssen oder "pure chance" sein könnten, also ein Zufallstreffer. Um sicherzugehen, inwieweit man einen kausalen Zusammenhang zwischen einer Maßnahme und deren Auswirkungen annehmen könne, wurden damals bereits Verfahren zur Messung und Bestimmung des statistischen Fehlers entwickelt (Lilienfeld, 1980).

Im Lichte solcher teilweise fortgeschrittenen Methoden wie z. B. der Korrelations-[1] und Regressionsuntersuchungen[2] ist es mehr als

[1] Korrelation: Hierbei wird die gemeinsame Variation beider Variablen untersucht, von denen keine vom Untersucher vorgegeben wird (also z. B. die Konfiguration einer Punktwolke von Werten in einem Koordinatensystem). So können Blutdruck und Stoffwechselwerte oder Krebshäufigkeit und Anteil tierischer Fette in der Pro-Kopf-Nahrungsstatistik miteinander korreliert werden.

[2] Regression: Bezeichnung der Abhängigkeit einer Größe von einem anderen Meßwert. Ursprünglich war von Galton um 1830 bei Messungen

erstaunlich, wie wenig Entwicklungen dieser Art in die Routine der Forschung und des Gesundheitswesens der folgenden Jahrzehnte eingingen. Nicht weniger verwunderlich ist, daß diese Methoden keinen Eingang in die Ausbildung der Mediziner und mit der Krankheitsforschung befaßten Wissenschaftler der späteren Jahre fanden. Aktivitäten und Verfahren schienen sich neu und buchstäblich aus dem Nichts zu entwickeln, als ab 1950 die Epidemiologie der chronischen Krankheiten wieder in stärkerem Maße an Interesse und Verbreitung gewann. Ein wesentlicher Unterschied zu früheren Zeiten ist jedoch, daß inzwischen der Eintritt in das Computerzeitalter stattgefunden hat und daß die Einführung der Rechner in die epidemiologische Forschung nicht nur Studien in größerem Stil ermöglichte, sondern auch die Verbindung von unabhängig voneinander gesammelten Datenmengen mit der Methode des record linkage möglich machte. Erst mit dieser Nutzbarmachung des Computers wurden die Kapazitäten verfügbar, die für die verfeinerten Methoden, wie die Anwendung der logistischen Regressionsanalyse, erforderlich sind (Breslow und Day, 1980).

Damit sind aber auch viele Nachteile verbunden, die oft beklagt werden und auch entsprechende Folgen zeitigen. Hierzu gehört, daß der Epidemiologe heute oft weit mehr von den wirklichen Daten entfernt ist, als es früher der Fall war, womit der direkte Kontakt zu allen erhobenen Angaben und schließlich auch zu den Fehlerquellen verlorengegangen ist. Zum anderen wird oft das Gefühl für den Hintergrund der erhobenen Daten und die ursprünglich beabsichtigte Untersuchung durch den indirekten Kontakt schwächer oder geht sogar verloren, da man durch den Gebrauch von Programmpaketen oder Programmbibliotheken nur indirekt mit den Daten umgeht. Mit der sog. Computerrevolution und Einführung von Minimikrocomputern könnte sich dieser Entfremdungseffekt wieder verringern, und es ist heute bereits vielfach so, daß der Computer im Arbeitszimmer steht und die verwendeten Programme wieder eine direkte Interaktion zwischen dem Untersucher

von Körpergrößen festgestellt worden, daß bei großen Vätern die Söhne im Durchschnitt kleiner waren, also eine „Regression“ eintrat. Dieser Begriff wurde dann beibehalten für Analysen von zwei Werten, in denen eine Variable untersucht wird, während die andere vorgegeben ist (z. B. Lebenszeit von Versuchstieren bei vorgegebenen unterschiedlichen Bestrahlungsdosen mit ionisierenden Strahlen). Die Variation der einen Angabe auf verschiedenen (vom Untersucher bestimmten) Ebenen der anderen Variablen wird untersucht.

und seinen Daten erlauben (s. z. B. Handbuch von Rothman und Boice, 1979).

Auf Einzelheiten der Auswertungen epidemiologischer Studien wird in den Kapiteln X und XI noch ausführlicher eingegangen.

Da die moderne Epidemiologie sich am einfachsten mit dem Begriff Krankheitsursachenforschung definieren läßt, steht sie im Gegensatz zur sog. kurativen Medizin, in der ein bereits kranker Mensch (der Patient) im Vordergrund steht. Das zentrale Thema der präventiven Medizin ist dagegen der gesunde oder noch nicht erkrankte Mensch. Die Epidemiologie beschäftigt sich nun mit den Hintergründen dieses Übergangs von einem zum anderen Zustand, wofür es Ursachen gibt, die es zu suchen gilt. Dazu bedient sie sich, ebenso wie generell die Medizin und auch die gesamte Forschung, einer ganzen Reihe von Methoden und Verfahren aus anderen Wissenschaftsdisziplinen (wie Statistik, Histochemie, Serologie, Morphologie, Toxikologie und sogar Sozialpsychologie). Die Epidemiologie wurde daher bereits vor über 50 Jahren als eine kollektive, d. h. multidisziplinäre Erkenntnisse nutzende Wissenschaft bezeichnet, deren Fortschritt weitgehend von den Entwicklungen in anderen Wissenschaftszweigen abhängt *(Frost)*.

Das herausragende Merkmal der epidemiologischen Feldforschung – im Gegensatz zur experimentellen und zur Grundlagenforschung – ist, daß sie das Hauptaugenmerk auf menschliche Gruppen legt und die Erkennung solcher Krankheitsrisiken oder Risikofaktoren betreibt, vor denen noch gesunde Personen wirksam zu schützen sind. Die große Bedeutung dieser Forschungsrichtung wurde bereits bei der gelungenen Prävention vieler übertragbarer Krankheiten deutlich, und neuerdings ergibt sich bei der Berufskrankheitenforschung, insbesondere der Verhütung von Berufskrebs, ein neuer Schwerpunkt ihres Einsatzes (s. Kapitel XI).

1. Praktisches Vorgehen in der epidemiologischen Forschung

Wie aus dem historischen Überblick hervorgeht, hat sich die Epidemiologie zuerst im Bereich der Infektionskrankheiten entwickelt, da bei diesen Krankheitsformen die Abgrenzung eines Erkrankungsfalles und das Auffinden aller aufgetretenen Fälle in einer Gesamtbevölkerung relativ einfach sind. Die in damaliger Zeit häufig aufgetretenen Epidemien solcher Krankheiten wie Cholera und Typhus, für die ja noch keine spezifische Behandlung verfügbar war, verlangten dringend nach einer Aufklärung der Ursachen dieser Krankheiten, um eine Bekämpfung ihrer Entstehung zu ermöglichen. Oft war man bereits auf dem richtigen Weg, indem z. B. aus den vielen Beobachtungen der Übertragung der Krankheiten von erkrankten auf nichterkrankte Personen abgeleitet werden konnte, daß eine Isolierung erkrankter Personen zumindest zur Verhütung einer weiteren Ausbreitung nützlich war. Hiermit richtete sich dann natürlich die Aufmerksamkeit auch auf die mögliche Substanz einer solchen Übertragung von Mensch zu Mensch, also das infektiöse Agens. Zusätzliche Umstände, wie wir sie heute kennen, so z. B. klimatische, soziale und sanitäre Verhältnisse, die für eine schnelle Ausbreitung solcher infektiöser Erreger günstig waren, wurden zwar auch beschrieben, standen jedoch damals noch nicht im Mittelpunkt der Aufmerksamkeit. Einige Epidemien sind für die heutige Forschung von besonderem Interesse, da bei ihrer Aufdekkung auch wesentliche epidemiologische Prinzipien und Erkenntnisse entwickelt wurden.

Die Suche nach den Ursachen einer Epidemie war immer dann am erfolgreichsten, wenn – wie in vielen anderen Wissenschaftszweigen auch – der Vergleich zugrunde gelegt wurde: durch Gegenüberstellung unterschiedlicher Krankheitshäufigkeiten in zu vergleichenden Bevölkerungen die entscheidenden Hinweise auf solche Faktoren zu gewinnen, die bereits als krankmachend vermutet wurden. Für diese Vergleiche werden die Maßzahlen benötigt, die die Häufigkeit der Krankheit beschreiben und als wesentliche Voraussetzungen für diese Art der Ursachenforschung gelten. Solche Angaben können jeweils durch gezielte Erhebungen zu den beiden zentralen Fragestellungen gewonnen werden: „Wie viele Personen sind erkrankt, wo und wann sind die Krankheitsfälle aufgetreten?" und „Welche krankmachenden Faktoren (kurz auch als Risiken bezeichnet) sind gleichzeitig vorhanden?"

Dabei ist wesentlich, daß Ursachen vor der eintretenden Wirkung (der Erkrankung) liegen und daher auch nur vor dem Eintreten der Erkrankung gesucht werden können. Der Vergleich solcher Maßzahlen wird weiter unten ausführlicher behandelt.

Obwohl andere Krankheitsformen, sog. nichtübertragbare oder kurz chronische Krankheiten, zunehmend in den Vordergrund treten und die Forschung beschäftigen, ist die Infektionskrankheitenepidemiologie auch heute noch von großer Bedeutung.

Sieht es auch so aus, als hätte man die Infektionskrankheiten und Seuchen spätestens seit der Entwicklung von Antibiotika, der

Kenntnisse über Antikörper-Entwicklung und der Nutzung dieser Kenntnisse mit den modernen Vakzinationsmethoden im Griff, so hat die Epidemiologie der Infektionskrankheiten durch mehrere Umstände doch unverhofft wieder Aktualität gewonnen. Dazu gehören die Untersuchungen von Nebenwirkungen von Impfprogrammen, die Auswertung von Massenimpfungen und deren Lehren für zukünftige gesundheitspolitische Programme und nicht zuletzt die Suche nach Ursachen von noch unbekannten „neuen" Infektionskrankheiten oder solchen, die eine neue, bisher nicht bekannte Verlaufsform haben. Aus der Fülle der möglichen Beispiele soll die sog. Legionärskrankheit ausführlicher behandelt werden.

Bevor jedoch die modernen Anwendungen und Aufgaben der Infektionskrankheitenepidemiologie dargestellt werden, können zwei Lehrstücke dazu dienen, die verhältnismäßig einfache Arbeitsweise der epidemiologischen Forschung bei der Entdeckung von monokausalen Krankheitsfaktoren[3] zu demonstrieren.

2. *Frühe Beispiele praktischer Epidemiologie*

Der Inzidenzvergleich bei der Aufdeckung der Ursachen des Kindbettfiebers

Für Darstellungszwecke soll nochmals ein historisches Beispiel zitiert werden, wobei es dieses Mal auf Grundzüge der Auswertung einfachster Daten ankommt. In den vierziger Jahren des vorigen Jahrhunderts galt die Universität Wien als besonders fortschrittlich und attraktiv für Studenten aus allen Ländern Europas und sogar der USA, weil bei allen innerhalb der Universitätsklinik verstorbenen Todesfällen Leichenöffnungen vorgenommen wurden, die dem Anschauungsunterricht der Medizinstudenten dienen sollten. Der Tod eines Arztes im Anschluß an eine Verletzung bei einer solchen Leichenöffnung ergab den letzten Hinweis in einer bis dahin äußerst schwierigen Suche nach den Ursachen des Kindbettfiebers, das in jenen Jahren in den Entbindungsabteilungen des Allgemeinen Krankenhauses der Stadt Wien wütete. Dabei waren nicht alle Entbindungsabteilungen gleichermaßen betroffen, und es war besonders auffällig, daß die Sterblichkeit in der Abteilung I des Allgemeinen Krankenhauses viel größer war, wo neben den Hebammen

[3] Als einzige Krankheitsursache ausreichend.

Ärzte und Medizinstudenten die Betreuung der Schwangeren vornahmen und diese während der Geburt untersuchten. In der Abteilung II dagegen arbeiteten ausschließlich Hebammen und Hebammenschülerinnen; dort war die Sterblichkeit an Kindbettfieber niedriger. Die Unterschiede in den Erkrankungsraten waren bereits von vielen Personen einschließlich der betroffenen Frauen beobachtet worden. Die Frauen wehrten sich sogar mit Händen und Füßen dagegen, in die erste Abteilung eingewiesen zu werden, da das gleichbedeutend mit dem Ende sein konnte.

Eine als epidemiologische Studie anmutende Untersuchung eines Mediziners, der ohne statistische Kenntnisse oder gar Spezialbildung praktische Ursachenforschung betrieben hatte, ergab den entscheidenden Fortschritt. Dieser Arzt war *Ignaz Semmelweis,* und er ging mit seiner Entdeckung als Retter der Mütter in die Medizingeschichte ein. Abgesehen von der großen sozialmedizinischen Bedeutung einer Aufdeckung der Gründe für die Müttersterblichkeit im letzten Jahrhundert – deren Folgen für die Gesellschaft bereits bedenklich wurden, da junge Frauen in großer Zahl ihre erste Entbindung nicht überlebten, Kinder verwaisten oder starben und eine Stagnation der Bevölkerungsentwicklung drohte – war diese Untersuchung ermutigend, da sie zum Nachweis eines ursächlichen Zusammenhanges führte, obwohl die eigentliche Ursache, ein bakterieller Keim der Infektion, nach dem damaligen Wissensstand noch gar nicht entdeckbar war. Gleichzeitig kann auch die Wirksamkeit des Eingreifens durch Verhütung der Ursache deutlich gezeigt werden.

Die zunächst angenommenen Ursachen für die hohe Sterblichkeit in der Abteilung I resultierten aus Beobachtungen, wie z. B. der sich immer mehr steigernden Angst der Frauen, die oft das makabre Schauspiel verfolgen mußten, daß ein Priester, der die letzte Ölung spenden wollte, durch die fünf Säle zu gehen hatte, um zu einer sterbenden Patientin zu gelangen. Da es dabei üblich war, daß ein Begleiter des Priesters ein Glöckchen läutete, war eine gewisse Streßwirkung dieses Zeremoniells nicht auszuschließen. Als Dr. Semmelweis eine diskretere Art des Besuches bei Sterbenden einführte, also diese mögliche Quelle der Angst abstellte, starben die Frauen jedoch weiter. Als Begründung wurde auch Überfüllung der Klinik angeführt, was jedoch im Widerspruch zur Realität stand, da die Patientinnen oft in der zweiten Abteilung landeten und diese dann stärker überfüllt war, so daß erst darauf hin Patientinnen wieder in die erste Abteilung überwiesen wurden (wo mehr Raum für

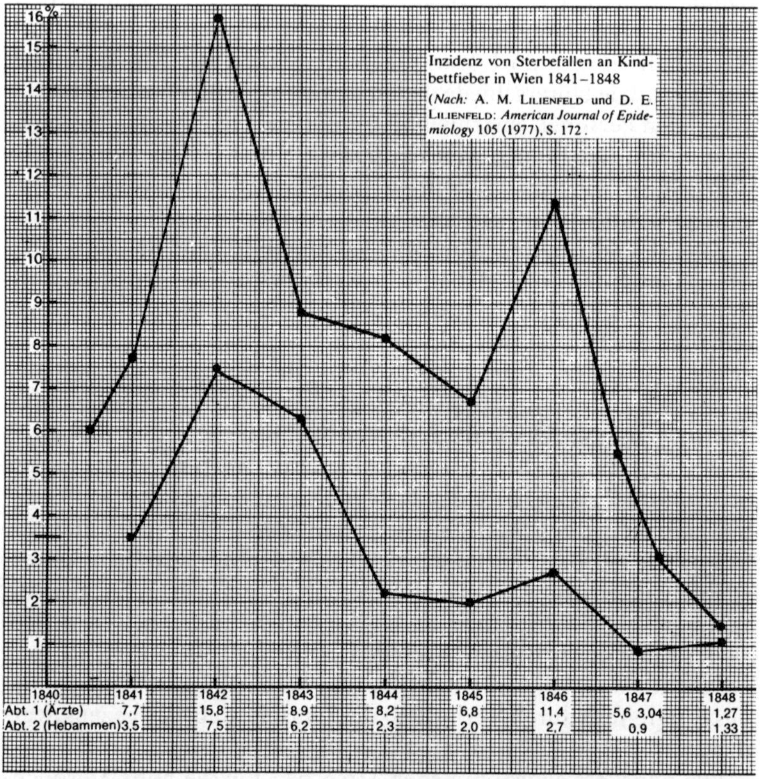

	Abt. 1	Abt. 2
1833 –1840	6,56 %	5,58 %
1840*–1846	9,92 %	3,38 %
1847 –1858	3,57 %	3,06 %

* Ab 1840 wurden in Wien für die Ausbildung in Pathologie Sektionen und Demonstration an Verstorbenen eingeführt.

Abb. 2: Vergleich der Müttersterblichkeit an Kindbettfieber in den Abteilungen mit Ärzten (Abteilung 1) und Hebammen (Abteilung 2) des Allgemeinen Krankenhauses Wien in 3 Zeitabschnitten von 1833–1858. Aus: A. M. Lilienfeld und D. E. Lilienfeld: *American Journal of Epidemiology* 105 (1977), S. 173.

Betten vorhanden war). So konnte lange Zeit kein Prinzip gefunden werden, das die Ursache des Kindbettfiebers plausibel erklären konnte, obwohl irgend etwas in der ersten Abteilung die Ursache dafür sein mußte. Semmelweis verzeichnete daher alle Sterbefälle in den beiden Kliniken und suchte aus den Trendkurven (Abb. 2) eine logische Erklärung zu finden. Selbst die Gefährdung durch unhygienische Verhältnisse mußte ausgeschlossen werden, da beobachtet wurde, daß Frauen bei sog. Gassengeburten, also noch vor Erreichen der Klinik, seltener erkrankten als solche, die nach allen Regeln der Kunst entbunden wurden. Der Tod seines Freundes, des Arztes, der sich bei einer Leichenöffnung infiziert hatte, gab dann den entscheidenden Hinweis. Bei der Sektion des Arztes gefundene Veränderungen waren identisch mit den Befunden, wie sie bei den verstorbenen jungen Müttern erhoben werden konnten. Semmelweis erkannte plötzlich die Beziehung zwischen den Befunden bei dem Kollegen, der sich ausgerechnet bei der Sektion einer verstorbenen Mutter infiziert hatte, und dem typischen Bild des Kindbettfiebers.

Nun war der gesamte Vorgang klar: Bei den Sektionen infizierten sich die Mediziner, anschließend gingen sie zur Untersuchung des Geburtsverlaufes in die Abteilung I und infizierten – unbeabsichtigt zwar – Schwangere oder Gebärende. In der zweiten Abteilung waren es nur die Hebammen, die ja den Leichenöffnungen nicht beigewohnt hatten, die den Stand der Geburt kontrollierten. Aus der gezogenen Erkenntnis folgte eine Intervention, ein Eingriff in die Übertragungskette: Jeder Arzt mußte sich seit Mai 1847 vor der Untersuchung der Schwangeren die Hände in chloriertem Wasser waschen. Daraufhin sanken die Zahlen der Sterbefälle und Neuerkrankungsfälle rapide ab (Abb. 2). Kurz darauf war die Sterblichkeit in beiden Abteilungen etwa gleich, nämlich bei rund 3 %, dem anscheinend unbeeinflußbaren restlichen Risiko jener Zeit.

3. Eine mysteriöse Gruppenerkrankung

Die Geschichte der Aufdeckung der Zusammenhänge bei der epidemieartigen Ausbreitung des Kindbettfiebers ist nicht nur fesselnd, sondern hat gleichzeitig als wichtiges Prinzip den Vergleich von Inzidenzen zur Feststellung einer Krankheitsursache ergeben.

In einem weiteren Beispiel geht es um eine mysteriöse Erkrankung, die in relativ kurzer Zeit eine Reihe von Mitgliedern von Militäreinheiten befiel, die innerhalb einer militärischen Einrichtung

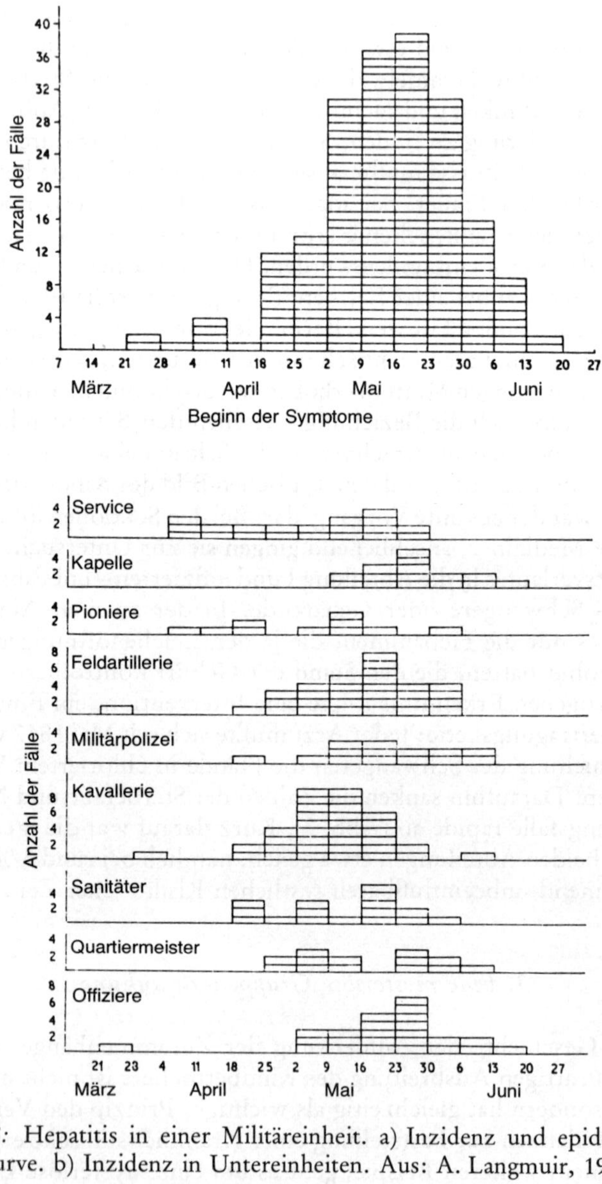

Abb. 3: Hepatitis in einer Militäreinheit. a) Inzidenz und epidemische Kurve. b) Inzidenz in Untereinheiten. Aus: A. Langmuir, 1975.

lebten. In einer Gesamtbevölkerung von 6324 Personen traten 210 Krankheitsfälle mit einem umschriebenen medizinischen Befundsyndrom auf, dessen Ursache mit einer bestimmten Strategie ausfindig gemacht werden konnte.

Das Vorgehen der Epidemiologen führte hier zur Eingrenzung der in Frage kommenden Ursachen und schließlich auch zur Erkennung der verantwortlichen Quelle und der Abstellung dieser Krankheitsursache (Langmuir, 1975).

Folgende Randbedingungen wurden angetroffen: Es handelte sich um den abgeschlossenen Wohnbereich einer militärischen Einheit, dessen Häuser eine gemeinsame moderne Wasserversorgung hatten. Auch die Milchversorgung aller Bevölkerungsteile stammte aus einer gemeinsamen Quelle, wogegen das Essen in verschiedenen Küchen zubereitet wurde.

Das epidemieartige Auftreten einer Krankheit, die unter anderem mit Abgeschlagenheit, Krankheitsgefühl, Übelkeit, Oberbauchbeschwerden und weiteren sehr pathognomonischen[4] Symptomen (die zunächst hier nicht erwähnt werden sollen) einherging, spielte sich in der Zeit von Mitte April bis Mitte Juni ab. Jede Woche traten Neuerkrankungsfälle mit dem umschriebenen Syndrom auf, wie sie aus der Kurve (Abb. 3) hervorgehen. Damit steigerten sich also die Neuerkrankungsfälle von 12 Mitte April bis auf 39 Mitte bis Ende Mai und fielen danach wieder deutlich ab.

Die epidemische Kurve ist weitgehend symmetrisch und gibt bereits den wichtigen Hinweis, daß diese Epidemie von einer einzigen Infektionsquelle ausgehen mußte. Andererseits müßten, wenn eine direkte Ansteckung von Mensch zu Mensch angenommen würde, weitere Kurven zu erwarten sein, die sich aus sog. Sekundärfällen ergeben. Das Auftreten der Fälle innerhalb vieler Wochen mit einem Gipfel weist stark auf eine variable Inkubationsperiode dieser Erkrankung hin, auf die man sich bei der retrospektiven[5] Suche nach einer für alle gemeinsamen möglichen Ursache konzentrierte. Bevor diese Möglichkeit weiter verfolgt wird, sollen zunächst noch einige deskriptive Befunde erwähnt werden:

Bei der Betrachtung einzelner Untergruppen der Militäreinheit ergab sich, daß nur Teile der gesamten Risiko-Bevölkerung überhaupt betroffen waren. Die Tabelle zeigt, daß die Betrachtung einer

[4] Pathognomonisch = für eine Krankheit kennzeichnend, zur Krankheitserkennung geeignet.

[5] Retrospektiv: vom eingetretenen Ereignis zurückblickend.

Tab. 1:

Gruppe	*Anzahl*	*Fälle*	*Rate*
Soldaten	1396	183	13,1
Offiziere	171	27	15,8
Kadetten	1823		
Offiziersangehörige	1434		
Zivilpersonen	1500		
	6324	210	3,3 %

Gesamterkrankungsrate von 3,3 % eigentlich nichts aussagt über die Gefährdung einzelner Untergruppen oder eine mögliche gemeinsame Ursache der aufgetretenen Erkrankungen. Erst nach Aufschlüsselung in Untergruppen zeigt sich, daß sich nur Soldaten und Offiziere die Erkrankung zugezogen hatten, und zwar mit einer recht ähnlichen Rate zwischen 13 und 16 %, und die entscheidende Exposition unter diesen stattgefunden haben mußte. Da die Angehörigen der Offiziere nicht erkrankten, war wiederum eine direkte Übertragung auszuschließen (Tabelle 1).

Nun bot sich natürlich an, weitere Untereinheiten von Soldaten und Offizieren zu untersuchen, wozu einzelne sog. Strata auf die Häufigkeit der Krankheitsfälle untersucht wurden. Die Abbildung zeigt, daß in den Untergruppen die Erkrankungsfälle ähnlich gestreut auftraten, daß wiederum eine symmetrische Verteilung auch bei den Kanonieren, Musikern, Sanitätern und anderen Gruppen vorkam.

Alle diese Beobachtungen führten zu folgenden Überlegungen: Man mußte nach einer Krankheit mit Ausbreitungsformen suchen, die bei Annahme einer gemeinsamen Infektionsquelle eine solche variable Inkubationszeit hat. Hier zeigt sich, wie wichtig eine gute Kenntnis aller in Frage kommenden Krankheiten und eine entsprechende medizinische Ausbildung sind.

Gleichzeitig zu den theoretischen Betrachtungen war die gesamte Situation zu betrachten, die zu dieser Erkrankungswelle geführt hatte. Welche gemeinsamen Ereignisse lagen bei allen erkrankten Personen vor? Hier setzt die epidemiologische Denkweise mit den Grundfragen nach „wer“ und „wo“ ein, wobei die Tatsache, daß die Infektionsquelle auf Soldaten und Offiziere begrenzt sein mußte, den Verdacht bereits auf eine beiden Gruppen gemeinsame Tätigkeit oder Risikosituation hinlenkte. Es war nun zu fragen, welche Aktivitäten, Situationen und Umweltexpositionen oder welche Spezialaufgaben für beide Gruppen ausschließlich vorgekommen sind. Hier ist noch etwas zu erwähnen, was bei allen derartigen Untersuchungen von besonderer Wichtigkeit ist: Sind wirklich alle als Erkrankungsfälle geltenden Personen darauf überprüft worden, ob sie überhaupt zu der Fall-Gruppe gehören, also die Kriterien des Befundsyndroms erfüllen? Und sind andererseits auch alle erfaßt worden, die an der untersuchten Krankheit leiden, oder gibt es auch medizinisch „inapparente“ Fälle, die zwar infiziert sind, und damit wichtige Informationen enthalten, aber nicht krank erscheinen?

Es handelt sich um das Problem der falsch-positiven oder falsch-negativen Fälle, das bei jeder derartigen Studie eine desto größere Rolle spielt, je mehr Fälle ohne deutliche Krankheitszeichen vorkommen können. Bei dieser Krankheit ist, wie man später sehen wird, eine solche Gefahr nicht gegeben, doch wußte man das vorher nicht.

Wie bereits oben angedeutet, mußten nun zwei Möglichkeiten bedacht werden: Entweder konnte es sich um eine Krankheit mit einer kurzen Inkubationszeit handeln (unter einer Woche), dann wäre der über zwei Monate verlaufende Dauerausbruch dieser Krankheit nicht möglich, und Anzeichen für eine progressiv verlaufende Ausbreitung (mit Sekundärfällen usw.) fehlten ja. Weder in den Familien noch in den Untergruppen waren neue Fälle aufgetreten.

Eine zweite Möglichkeit war, daß eine unter Umständen lange Inkubationsperiode vorliegen dürfte, die sich bis auf zwei oder drei Monate ausdehnen kann. Für einen solchen Fall kommt eigentlich nur eine wichtige klinische Einheit in Frage: eine Serumhepatitis. Mit dieser Annahme der durch Injektionen und verunreinigte Instrumente übertragbaren Krankheit ergeben sich nun ganz spezifische Fragen zum Abschluß dieser Untersuchung, nämlich ob die betroffenen Truppenteile irgendwelche Injektionen erhalten hatten. In der Tat traf zu, daß einige Truppenteile eine Gelbfieberimpfung erhalten hatten, deren Vakzine mit infektiösen(!) Serumanteilen versetzt waren. In der damaligen Zeit (1942) wurde der Vakzine zur Verbesserung der Stabilität menschliches Serum zugesetzt. Das verwendete Serum entstammte offensichtlich einem ehemaligen Hepatitispatienten und war damit hochinfektiös. Aufgrund dieses Vorfalls sind Serumzusätze künftig nicht mehr verwendet worden, so daß nach dieser bitteren Erfahrung auch eine Serumhepatitis durch solche Quellen theoretisch nicht mehr vorkommen kann.

Als Schlußfolgerung ergibt sich, daß man die entscheidende „heiße Spur“ erst dann fand, als die Analyse des Auftretens der Fälle minutiös durchgeführt wurde und auf eine sehr frühe gemeinsame Exposition hinwies. Die ziemlich eindeutigen Symptome der Serumhepatitis (z. B. Gelbsucht und dunkler Urin) gaben natürlich entscheidende diagnostische Hinweise, die bisher nicht genannt wurden, um das Vorgehen bei dieser analytischen, epidemiologischen Studie noch deutlicher demonstrieren zu können. Auch ohne diese Kenntnis war ja die wichtigste Tatsache, daß die unimodale Kurve des Auftretens der Neuerkrankungsfälle eine Übertragung von Mensch zu Mensch ausschloß und damit eine epidemische Ausbreitungswelle des zweiten möglichen Typs von akuter Gelbsucht, der übertragbaren, sog. Hepatitis A, ausgeschlossen werden konnte.

4. Vergleich der Epidemiologie infektiöser und nichtinfektiöser Krankheiten

Grundsätzlich wird in dieser Forschungsrichtung mit der Beobachtung von Phänomenen, wie Auftreten von Krankheitsfällen, und der Erhebung anderer Begleitumstände bzw. spezifischer Risikosituationen gearbeitet. Insofern spricht man auch von Beobachtungsstudien. Ein wichtiger Unterschied zwischen Infektionskrankheiten und sog. nichtübertragbaren Krankheiten ist das Element der Zeit. Diese Tatsache wird deutlich, wenn man die Inkubationsperioden von Infektionskrankheiten mit denen von nichtinfektiösen Krankheiten vergleicht, wie z. B. die charakteristische Inkubationszeit von Viruskrankheiten (wenige Tage bis zu einigen Wochen) gegenüber der oft Jahrzehnte beanspruchenden Entstehung chronischer Krankheiten.

Bei den Infektionskrankheiten wird die Inkubationszeit gewöhnlich als für die Vermehrung der Mikroorganismen benötigte Zeit angesehen, da erst mit dem massenhaften Auftreten dieser Mikroorganismen im Körper genügend Symptome entstehen, die zur Erkennung der Krankheit führen. Obwohl es eine charakteristische Inkubationszeit für jede Krankheit gibt, wiederum ein Beobachtungs- bzw. Erfahrungswert, so gibt es doch unter einzelnen Personen starke Variationen, die oft auch mit der Abwehrbereitschaft

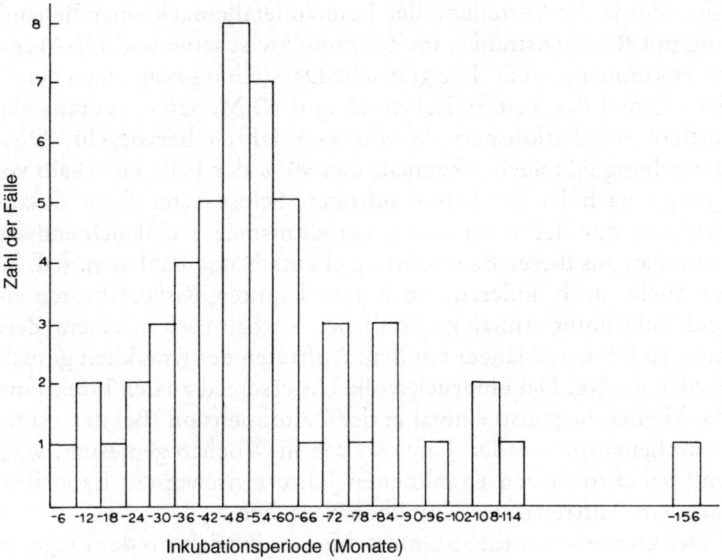

Abb. 4: „Inkubationsperioden" von Leukämiefällen im Anschluß an die Strahlenbehandlung gegen Spondylitis ankylopoetica.

und der Menge der aufgenommenen Organismen beim infektiösen Kontakt zusammenhängen.

Ganz anders sieht es mit der Inkubationszeit bei chronischen Krankheiten aus, wobei besonders für die Krebskrankheiten immer wieder versucht wird, eine durchschnittliche Latenzzeit zwischen dem ersten Kontakt mit einem krebserregenden Faktor und dem Auftreten von Krebs zu bestimmen. Ein solcher Versuch ergab sich im Anschluß an die Atombombenexplosion in Hiroshima 1945, die ja als einzelne Strahlenexposition betrachtet werden kann. Das anschließend an dieses Ergebnis beobachtete Auftreten von ganz spezifischen Krebsformen, wie z. B. Leukämie, führte zu der Erkenntnis, daß es einen Gipfel des Auftretens der Fälle gab (zwischen 1951 und 1953), woran anschließend weniger Fälle beobachtet wurden, so daß es sich um eine durchschnittliche Inkubationszeit von etwa acht Jahren zu handeln schien (Lilienfeld, 1976).

Ein Beispiel für eine mittlere Latenzzeit zwischen der Exposition gegenüber der vermuteten Ursache und der Mehrheit der daran anschließend auftretenden Krankheitsfälle ist in Abb. 4 zu erkennen.

Hier wurde die Verteilung der Leukämiefälle nach einer Behandlung mit Röntgenstrahlen im Zeitraum zwischen 6 und 156 Monaten zusammengestellt. Die grafische Darstellung zeigt einen deutlichen Gipfel der Zeit zwischen 42 und 60 Monaten, woraus eine mittlere Inkubationsperiode von 4–5 Jahren hervorgeht. Diese Darstellung läßt auch erkennen, daß 90% der Fälle innerhalb von 9 Jahren nach der Exposition auftraten. Selbst wenn dieser Zusammenhang mit der Bestrahlung verhältnismäßig einleuchtend ist, kann man aus dieser Beobachtung ebenfalls noch ableiten, daß bei der Suche nach anderen, noch unbekannten Risikofaktoren für Leukämie unter Annahme ähnlicher Verhältnisse in einem Zeitraum 10 Jahre und länger vor dem Auftreten der Krankheit gesucht werden müßte. Der eindrucksvolle Unterschied zu den Infektionskrankheiten liegt also einmal in der Zeitdimension. Bei der akuten Krankheitsform werden Latenzzeiten in Wochen gemessen, während bei chronischen Krankheiten Jahre zwischen der Exposition und dem Auftreten der Krankheit vergehen.

Der zweite wesentliche Unterschied ergibt sich aus der Frage, ob es sich um eine monokausale Krankheitsentstehung handelt, d. h., daß nur ein einziger ursächlicher Faktor vorliegt, der zur Auslösung des Zustandes „krank“ führt, oder ob ein multifaktorielles Zusammenwirken vorliegt. Zur Illustration sollen die beiden Abbildungen dienen, aus denen das Spektrum einer Krankheit von der Ursache bis zum Tod an dieser Erkrankung (Abb. 5) und das übliche Bild einer Infektionskrankheit, das sich nach dem Gradienten der Infektion richtet, hervorgehen (Abb. 6).

Hier beginnt auch das eigentliche Gebiet der modernen Epidemiologie nichtübertragbarer Krankheiten mit den neueren methodischen Entwicklungen und Konzepten, wie z. B. dem relativen

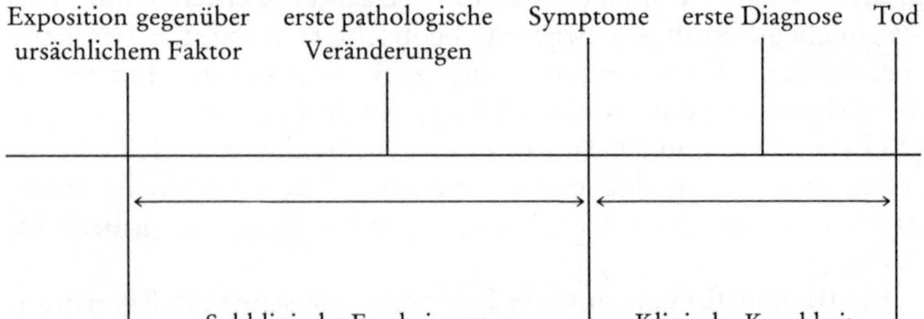

Abb. 5: Spektrum einer Krankheit.

und attributablen Risiko, die als Fortentwicklung der klassischen Attack-Rate[6] gesehen werden können.

Selbst bei infektiösen Krankheiten wird aufgrund vielfältiger Beobachtung immer davon auszugehen sein, daß nicht nur der eigentliche kausale Faktor, nämlich der Erreger, zur erfolgreichen Ausprägung der Krankheit gehört, sondern einige Begleitumstände hinzukommen und Bedingungen erfüllt sein müssen. Erinnert sei an den Selbstversuch von Max von Pettenkofer mit den Cholerabazillen und an das Phänomen der von der Pest verschonten Über-

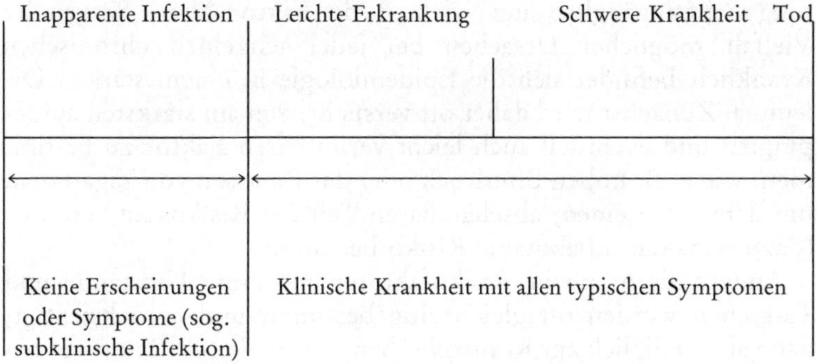

Abb.6: Gradstufen der Infektion.

lebenden in früheren Jahrhunderten. Dieser Zustand einer subklinischen Infektion[7] weist darauf hin, daß selbst monokausale Krankheitsfaktoren nicht zwangsläufig allein, also mono wirken, sondern nur der stärkste und unabdingbar notwendige Faktor sein müssen, dessen Entfernung allein auch eine Verhütung der Krankheit bewirkt. Andere ebenfalls erforderliche Einflußfaktoren sind die allgemeine immunologische Abwehrlage, das Alter, der hormonale Gesamtzustand und sogar das Geschlecht. So kann eine Person den Krankheitskeim in sich tragen, ihn ausscheiden und damit sogar zum epidemischen Geschehen beitragen, die vorliegende Krankheit jedoch nur durch bestimmte Untersuchungsmethoden erkannt werden, da sie keine Symptome entwickelt hat. Mit neueren serolo-

[6] Ausführliche Darstellung im Kapitel XII „Aktuelle Epidemiologie" (Akute Gesundheitsgefährdungen, Legionellose).

[7] Subklinische Infektion: Verlauf der Infektion ohne klinische Krankheitszeichen, wobei jedoch die Infektiosität erhalten ist, d. h. Krankheitskeime werden ausgeschieden.

gischen Untersuchungen kann z. B. sehr leicht festgestellt werden, wie viele Personen in einer Bevölkerung bereits einmal Kontakt mit einem infektiösen Erreger gehabt, dabei Antikörper entwickelt haben und dennoch nicht im eigentlichen Sinne krank gewesen sein müssen. In einer Inzidenzstudie, bei der nur die Krankheitsträger gezählt werden, würde sich für eine möglichst vollständige Beschreibung der Krankheitslandschaft dadurch eine echte Untererfassung ergeben.

Ähnliche Faktoren bestimmen in noch viel stärkerem Maß das Auftreten chronischer Krankheiten, wenn sie auch oft der Verhütung nicht zugänglich sind (wie z. B. der Faktor Alter). Wegen der Vielfalt möglicher Ursachen bei jeder einzelnen chronischen Krankheit befindet sich die Epidemiologie in einem starken Dilemma. Zunächst wird daher oft versucht, den am stärksten ausgeprägten und eventuell auch leicht verhütbaren Faktor zu bestimmen, wie z. B. hohen Blutdruck oder das Rauchen von Zigaretten, um damit den einen, abschätzbaren Teil des Risikos zu verhüten (dazu wird das attributable Risiko bestimmt).

Andere als mögliche Risikofaktoren bekannte Umstände und Tatsachen werden oft gleichzeitig bestimmt und berücksichtigt, dann aber lediglich zur Kontrolle[8] benutzt. In diesem Sinne werden später noch Standardisierung (z. B. auf das Alter oder auf die soziale Schichtzugehörigkeit) und "confounding" behandelt. Hier bleibt festzustellen, daß das multifaktorielle Entstehungsmuster jeder nicht übertragbaren Krankheit einen komplexeren Ansatz bei der epidemiologischen Untersuchung erfordert als die Erforschung der infektiösen Krankheiten. Die Beispiele der Untersuchung des Kindbettfiebers in Wien und des Lebensmittelzwischenfalls[9] zeigen bereits unterschiedliche Ebenen der Datenerhebung und statistischen Bearbeitung; in Studien über nichtübertragbare Krankheiten werden die Anforderungen an eine geeignete statistische Planung und Auswertung entsprechend größer.

[8] Hiermit ist das Kontrollieren von Störfaktoren gemeint, deren Einfluß durch Standardisierung berücksichtigt wird. Gewöhnlich wird dabei eine Wichtung um den Betrag dieses Einflusses vorgenommen.

[9] S. Kapitel XII. 1 „Das Vorgehen bei akuten Gesundheitsgefährdungen" (S. 117).

V. DIE QUANTIFIZIERUNG DES ERKRANKUNGSRISIKOS

1. Epidemiologische Maßzahlen

Die Raten

Die zwei grundlegenden Häufigkeitsangaben in der Epidemiologie sind die Neuerkrankungsrate oder Inzidenzrate und die Krankheitsrate oder Prävalenzrate.

Mit Inzidenz wird die Zahl von Ereignissen bezeichnet, die in einem spezifischen *Zeitraum* auftreten. Die Zahl der Verkehrsunfälle in einem Jahr ist sozusagen eine Inzidenz, wogegen der Begriff Prävalenz die Zahl derjenigen Ereignisse benennt, die zu einem bestimmten *Zeitpunkt* erfaßt werden können, so z. B. die Zahl der an einem Tag in Bearbeitung befindlichen Verkehrsunfälle, die zwar in den Tagen vorher passiert sein können, jedoch noch als unabgeschlossene Vorgänge in einem Polizeirevier zirkulieren. Ein sehr trefflicher Vergleich der beiden unterschiedlichen Inhalte dieser Begriffe läßt sich auch an Hand unseres täglichen Umgangs mit Geld ableiten: Die Kontobewegungen mit dem Zugang von Geld in dem Zeitraum eines Jahres können als Inzidenz betrachtet werden, während ein Kassensturz an einem bestimmten Tag die vorhandenen Mittel im Sinne einer Prävalenz ergibt.

Epidemiologisch definiert ist die Inzidenzrate das Maß für die Zahl der Neuerkrankungen an einer Krankheit bezogen auf die gesamte Bevölkerung, in der diese Erkrankungen auftraten.

Die Prävalenzrate ist das Maß für die Zahl derjenigen Personen, die zu einem bestimmten Zeitpunkt eine Krankheit haben, in Beziehung gesetzt zur Gesamtheit aller Personen, die diese Krankheit haben könnten (aber noch nicht haben).

Die Bezugsbevölkerung wird gewöhnlich Risikobevölkerung genannt. Der Unterschied zwischen den beiden Angaben ist, daß die Inzidenz ein dynamischer Begriff ist, da sie das Neuauftreten von Befunden in einer Zeitspanne angibt. Sie hat für die Ursachenforschung eine große Bedeutung, da die Häufigkeit von Neuerkrankungsfällen in einer bestimmten Zeit auf die Gefährlichkeit einer Krankheitsursache hindeutet.

Die statistische Maßzahl für Prävalenz gibt dagegen die Dimension der Krankheitsbürde für eine Gesamtbevölkerung an, also wie viele Krankheitsfälle zu behandeln sind. Sie kann daher durch eine Querschnittserfassung jeweils zu bestimmten Zeitpunkten ermittelt werden.

Eine bestimmte Art der Inzidenzziffer ist ja die Sterblichkeitsrate, selbst wenn sie selten als Inzidenzrate angesehen wird. Das kommt daher, daß gewöhnlich das Interesse der Mediziner mit dem Tode einer Person an diesem „Krankheitsfall" erlischt. Dabei ist die Mortalitätsrate ein ganz wesentlicher Indikator für die Bedeutung bestimmter Krankheiten und damit Risiken für eine ganze Bevölkerung. Bevor am Beispiel der Mortalität eine Reihe von Auswertungen betrachtet werden, wie sie sich aus der Nutzung von Routinedaten ergeben können, muß noch auf das Problem der Bezugsbevölkerung für die epidemiologischen Raten eingegangen werden. Zu einer Rate, einem Bruch, gehören zwei Komponenten, ein Zähler und der entsprechende Nenner. Die Krankheitsfälle, die ja den Zähler ergeben, sind meistens mit geeigneten Methoden zu erkennen und werden auf der Grundlage ihrer Diagnose zusammengestellt. Das Problem des Nenners ist jedoch ein wesentliches Element der Epidemiologie, da meistens die Beschaffung dieser Angaben der zu dem Zähler gehörenden Bezugsbevölkerung große Schwierigkeiten mit sich bringt.

Zu dieser trockenen Feststellung soll zur Veranschaulichung noch einmal die banale Tatsache erwähnt werden: Jedem Arzt in der Praxis oder in einer Klinik ist die Zahl seiner Patienten und auch derjenigen Patienten, die an einer bestimmten Krankheit leiden, bekannt. Selbst die Zahl der in einem Jahr hinzugekommenen Patienten kann jeder Arzt aufgrund seiner Dokumentation erkennen und rekonstruieren. Fast nie wird ihm dagegen die Zahl nicht erkrankter Personen bekannt sein, also die Größe der Risikobevölkerung. Somit kann der Arzt weder Angaben zur Inzidenzrate machen noch eine Prävalenzrate bestimmen.

2. *Schätzung des relativen Risikos*

Der Risikobegriff

In der Epidemiologie spielt der Begriff des Risikos eine besondere Rolle, da die Aussagen über eine Erkrankungswahrscheinlichkeit oder eine Gefährdung der Gesundheit meistens mit Begriffen wie

„Risiko zu erkranken", „Risikofaktor" oder „relatives Risiko" verbunden werden.

Dabei gibt es zwei grundsätzlich unterschiedliche Interpretationen des Begriffes Risiko: einmal als allgemeiner Begriff, wie er auch in der Versicherungsmedizin oder im täglichen Gebrauch verwendet wird und wobei eigentlich das individuelle und somit absolute Risiko zu erkranken, einen Unfall zu erleiden oder sogar zu sterben gemeint ist, wogegen das relative Risiko im epidemiologischen Sinne ein spezifischer Meßwert ist, mit dem man die größere Wahrscheinlichkeit einer Person zum Ausdruck bringt, nach der Berührung mit einer krankmachenden Situation oder Substanz zu erkranken, und zwar relativ zur Wahrscheinlichkeit anderer Personen, die nicht damit in Kontakt gekommen sind. Das relative Risiko bezeichnet nicht nur die verstärkte Wahrscheinlichkeit relativ zu einem nicht gefährdeten Personenkreis, sondern benennt auch noch die Intensität oder Stärke einer Ursache-Wirkung-Beziehung (eben relativ zum normalen oder durchschnittlichen Auftreten von Krankheit).

Um zu Aussagen über das relative Risiko zu kommen, müssen Ereignisse wie Krankheit oder Tod erfaßt und gezählt werden.

Die Risikorate

Die Leistungsfähigkeit der epidemiologischen Methode der Risikoschätzung liegt darin begründet, daß ein für jeden statistischen Laien (und das waren bisher die meisten Ärzte und Mediziner, ebenso wie viele Gesundheitspolitiker) leicht faßbares Maß für die Intensität der Beziehung zwischen ursächlichem Faktor und seiner Auswirkung gegeben wird. Hinzu kommt, daß es natürlich ist, in Inzidenzen zu denken und mit einer Verhältniszahl von zwei Inzidenzen (die Risikorate RR ist ja nichts anderes) eben diese Intensitätsbeziehung leicht faßbar zu erhalten.

Grundlage der Bestimmung der RR ist eine Vier-Felder-Tafel (oder 2 × 2-Tafel):

	Exponiert	Nichtexponiert	
Fälle	A	B	n_1
Kontrollen	C	D	n_U
	m_1	m_U	N

wobei einmal vom Risikofaktor ausgehend die Inzidenzen in exponierten und nichtexponierten Vergleichsgruppen betrachtet werden – der prospektive Ansatz –, zum anderen vom aufgetretenen (betroffenen) Krankheitsfall ausgehend im Vergleich mit (gesunden) Kontrollpersonen die Häufigkeit von Risikofaktoren bei Betroffenen und Nichtbetroffenen untersucht wird – der retrospektive Ansatz. Man nähert sich der Assoziation zwischen Faktor und Krankheit also auf zwei Ebenen, entweder von der Ursachen-

---

Im Gegensatz zu den absoluten Differenzen von Prozentzahlen vermittelt die Risikorate einen Eindruck von der Stärke einer Assoziation. Die Gegenüberstellung zweier Auswertungen von Inzidenzen veranschaulicht die Aussagekraft der Risikorate.

Beispiel A

	Kranke	Restbevölkerung	Gesamt	% Kranke im Gesamt
Raucher	100	4900	5000	2%
Nichtraucher	50	4950	5000	1%
	150	9850	10000	
Anteil Raucher:	67%	50%		

Mit der herkömmlichen Analyse wird festgestellt, daß 67% der Kranken rauchen (100/150 × 100). Im Vergleich zur Gesamtbevölkerung ergibt sich eine absolute Differenz von 17%.

$$\text{Inzidenz der Raucher} = \frac{100}{4900}$$

$$\text{Inzidenz der Nichtraucher} = \frac{50}{4950}$$

$$\text{Risikorate} = \frac{100}{4900} : \frac{50}{4950} = \frac{4950 \times 100}{4900 \times 50} = 2{,}02$$

● Ein höherer Anteil von Rauchern unter den Kranken als unter den Gesunden deutet in Beispiel A bereits auf einen Zusammenhang zwischen Rauchen und Krankheit hin (nämlich 67% gegenüber 50%, also eine Differenz von 17%). Die Inzidenzen von Kranken unter den Rauchern und unter den Nichtrauchern unterscheiden sich dagegen nur um 1% (letzte Spalte), freilich so, daß die Inzidenz bei Rauchern doppelt so hoch ist wie bei Nichtrauchern. Die Inzidenzrate oder Risikorate beträgt also 2.

---

seite (d. h. Exposition: ja oder nein) oder von der Wirkungsseite (Wirkung: ja oder nein) und den Inzidenzen bzw. Vorliegen der „ursächlichen" Risikofaktoren.

Bei der Methode für gruppierte Daten wird aus der Vier-Felder-Tafel bestimmt:

$$\text{Relatives Risiko (RR): } \frac{AD}{BC}.$$

Die Ableitung der wesentlichen mathematischen Grundlagen wird

---

Beispiel B

	Kranke	Restbevölkerung	Gesamt	% Kranke im Gesamt
Raucher	180	8820	9000	2%
Nichtraucher	10	990	1000	1%
	190	9810	10000	
Anteil Raucher:	95%	91%		

Absolute Differenz: 4% (95–91%)

$$\text{Inzidenz der Raucher} = \frac{180}{8820}$$

$$\text{Inzidenz der Nichtraucher} = \frac{10}{990}$$

$$\text{Risikorate} = \frac{180}{8820} : \frac{10}{990} = \frac{180 \times 990}{10 \times 8820} = 2{,}02$$

● Im Beispiel B sind Raucher unter Kranken und unter Gesunden (= Restbevölkerung) fast gleich verteilt (Differenz nur 4%). Die Inzidenzen sind wieder nur um 1% verschieden. Die Risikoberechnung mittels der Kreuzprodukte der Vier-Felder-Tafel ergibt daher wieder den Wert 2, wenn man Raucher ist, da die Inzidenz der Kranken unter den Rauchern wieder doppelt so hoch ist wie unter Nichtrauchern.

An diesen Beispielen ist die Stabilität des Meßwertes der Risikorate – des Risikowerts – für die bestehende Assoziation zu erkennen, obwohl doch recht unterschiedliche Daten und Prozentsätze an Rauchern vorliegen.

Mit diesem Risikowert kann man nun rechnerisch oder anhand einer Tabelle das attributable Risiko bestimmen (das denjenigen Anteil an Krankheit beziffert, der bei Fortnahme des Risikofaktors zu verhüten wäre).

Abb. 7: Die Risikorate (RR, relatives Risiko) – ein Maß für die Intensität eines Zusammenhangs

bei Lilienfeld und Lilienfeld (1980) gleichzeitig mit der Berücksichtigung der Variationsbreite der Risikorate gegeben.

Lilienfeld (1976) hat die RR an dem Beispiel des Zusammenhangs zwischen Zigarettenrauchen und Krankheiten dargestellt und dabei zwei verschiedene Inzidenzen von Rauchern unter Kranken und in der Gesamtbevölkerung mit recht unterschiedlichen prozentualen Differenzen (16% im Beispiel A, 4% im Beispiel B, Abb. 7) als eindeutig mit der gleichen RR verbunden demonstriert. Die Inzidenzen von Krankheit unter Rauchern zu denen der Nichtraucher verhielten sich jeweils wie 2:1. Das Intensitätsmaß der Assoziation blieb also dem Einfluß des Rauchens auf die nachfolgende Krankheit entsprechend gleich, nämlich als zweifaches Risiko für Raucher, unabhängig davon, ob in der Bevölkerung ein niedriger oder ein hoher Prozentsatz rauchte.

Ein weiteres eindrucksvolles Beispiel wird von Lilienfeld und Lilienfeld (1980) am Beispiel des Vergleiches absoluter Proportionsunterschiede von Autofahrern unter Patienten mit Bandscheibenvorfall mit Kontrollpersonen und den relativen Risiken beschrieben. Hier war der Unterschied zwischen zwei Bevölkerungsproportionen beträchtlich (Population A = 25%, Population B = 6%) bei identischem relativem Risiko von 3.06!

Leistungsfähigkeit der Risikorate in der Parasitologie

Die Leistungsfähigkeit der Methode liegt aber auch noch darin, daß der Anteil an Krankheitsfällen abgeschätzt werden kann, der dem Risikofaktor zuzuschreiben ist und durch dessen Beseitigung verhütet werden könnte. Hierfür wird das attributable Risiko bestimmt, also der Anteil des Risikos, der bei Berücksichtigung einer normalen Krankheitshäufigkeit auch ohne den Risikofaktor im Verhältnis zum „normalen" Risiko hinzukommt und derart spezifisch mit dem ätiologisch wirksamen Risikofaktor verbunden ist, daß er Verhütungsmaßnahmen rechtfertigt. Solche Verhütungsmaßnahmen sind bei entsprechend starker Ausprägung des attributablen Teils der Risikorate mit entsprechend großer Wahrscheinlichkeit auch wirksam. Als Erläuterung hierzu soll ein Beispiel aus der Praxis der Gesundheitsforschung in Entwicklungsländern dienen.

Blindheit gibt es nach Erhebungen der WHO in allen Ländern

der Welt mit unterschiedlich hoher Grundhäufigkeit, die in Entwicklungsländern Afrikas zwischen 0,2 und 0,5% liegen soll.

In diesen Ländern sind Linsentrübung und grüner Star die Hauptursachen der Blindheit. In Gegenden mit endemischem Trachom, einer Virusinfektion des Auges, die zur Hornhauttrübung führen kann, ergeben sich Anstiege der Raten auf 1 % Blinde in der Gesamtbevölkerung. Wo immer diese Schwelle von 1 % überschritten wird, ist die Wurmkrankheit Onchozerkose sehr wahrscheinlich daran beteiligt. So ergab in Liberia, einem Land in Westafrika, eine Felduntersuchung seitens des Hamburger Tropeninstituts Hinweise auf Beziehungen zwischen Blindheit und der Stärke der Übertragung des Parasiten Onchocerca volvulus (Abb. 8). Die Embryonen (Mikrofilarien) dieses Fadenwurms können bei Eindringen in das Auge eine Erblindung verursachen. In Liberia läßt sich Blindheit mit der Übertragungsintensität des Parasiten korrelieren. Eine Risikobestimmung der Blindheit wurde in bestimmten Landesteilen möglich, in denen eine Übertragung des Parasiten vorkommt, da auch übertragungsfreie Gebiete bzw. parasitenfreie Bevölkerungsgruppen mit der „normalen" Blindheitsinzidenz zum Vergleich zu finden waren. Eine bevölkerungsbezogene Untersuchung zur Bestimmung der Häufigkeit von Blindheit, des Befalls mit Parasiten und der Häufigkeit der Überträger-Mücken lieferte die Unterlagen für die Risikoabschätzung. Dabei ergab sich eine weitgehende Übereinstimmung der Beziehung zwischen Blinden in zwei Untersuchungsgruppen, und zwar sowohl bei Betrachtung von zwei Bevölkerungsgruppen in Gebieten *mit* und *ohne* Übertragung des Parasiten als auch in den zwei Untergruppen, bei denen entweder Parasiten im Körper nachweisbar waren oder nicht (womit nicht sicher gesagt werden kann, ob diese Personen wirklich frei von Fadenwürmern waren oder diese sich nur dem Nachweis bei der einmaligen Untersuchung entzogen; Frentzel-Beyme, 1975a).

Beide Ergebnisse stimmen recht gut überein und sind in Tabellen 2a und b dargestellt: Nach dem Prinzip der Vier-Felder-Tafel sind in dem einen Fall die Blindheitsinzidenzen bei Personen in zwei Regionen mit und ohne Befall der Überträger-Mücken mit Mikrofilarien (oder Fehlen dieser Mücken überhaupt) verglichen worden. Im Übertragungsgebiet fanden sich 82 Blinde (bei 2341 Untersuchten), diesen standen im übertragungsfreien Gebiet 10 Blinde auf 1080 untersuchte Personen gegenüber. Die Risikorate errechnet sich als 2.99, und eine statistische Überprüfung ergibt eine signifikant höhere Blindheitsinzidenz im Übertragungsgebiet.

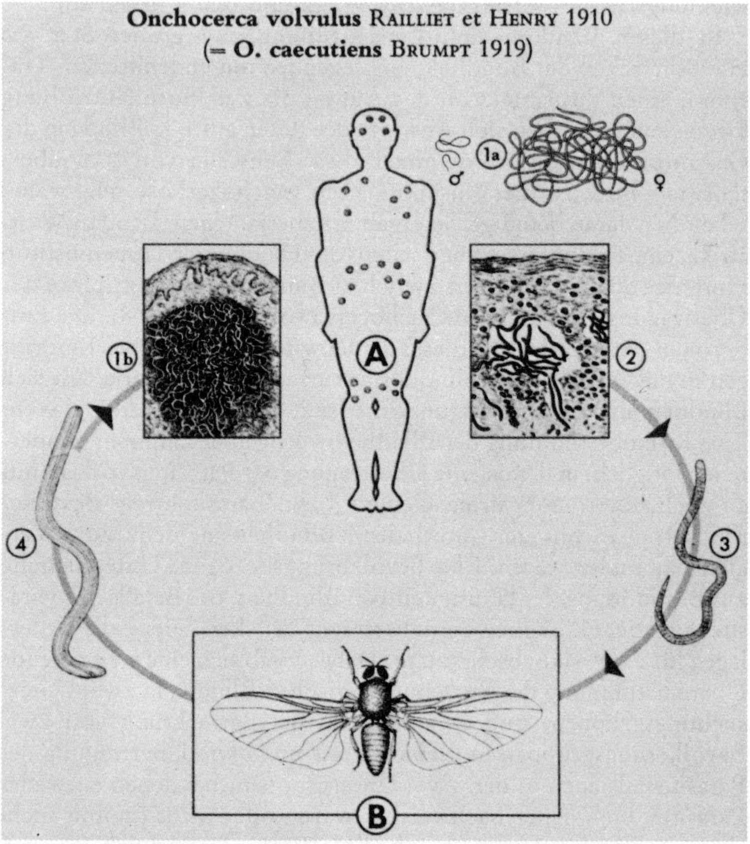

A Endwirt (Mensch)
1a männliche und weibliche reife Würmer
1b Querschnitt durch Onchozerkaknoten (natürl. Größe)
2 Mikrofilarien im Unterhautgewebe
3 Mikrofilarie (Gewebeform)

B Zwischenwirt: Simulium damnosum
4 Mikrofilarie
(Übertragungsform, die beim Simulienstich aus dem Stechrüssel austritt.)

(Aus: G. Piekarski: Medical Parasitology in Plates, Bayer Leverkusen, 1962.)

Tab. 2a: Risiko der Blindheit in Gebieten mit Onchozerkoseübertragung

Onchozerkose	Blindheit beidseitig		
endemisch	ja	nein	
ja	62	2279	2341
nein	10	1070	1080
	72	3349	3421

$$RR = \frac{62}{10} \times \frac{1070}{2279} = 2.985$$

Tab. 2b: Blindheitsrisiko bei Parasitenbefall mit Onchocerca volvulus

Onchozerkose (Hautbefund auf Mikrofilarien)	Blindheit beidseitig		
	ja	nein	
positiv	87	1044	1131
negativ	19	573	592
	106	1617	1723

$$RR = \frac{87}{19} \times \frac{573}{1044} = 2.5$$

Im anderen Fall wurden die Blindenzahlen bei 1131 mit den Würmern infizierten Personen (festgestellt durch eine Hautuntersuchung) mit denen bei 572 Personen verglichen (bei denen diese Untersuchung als negativ galt). Die Bestimmung der Risikorate der Verteilung der Blinden in beiden Gruppen ergab einen Wert von 2.5, also etwa in der gleichen Größenordnung wie im vorangegangenen Fall. Auch hier ließ sich das Ergebnis statistisch eindeutig sichern (Frentzel-Beyme, 1975b).

Abb. 8: Entwicklungszyklus des menschlichen Parasiten *Onchocerca volvulus,* des Erregers der Flußblindheit, dessen erwachsene Würmer (Weibchen bis zu 130 cm lang) in Hautknoten zusammengeknäult leben *(1 b),* während lebendgeborene Embryonen (Mikrofilarien) im gesamten Körper zirkulieren *(2)* und auch das innere Auge befallen können. In der Überträgermücke (Kriebelmücke *Simulium*) findet eine Entwicklung der Mikrofilarien zu infektionsreifen Würmern statt.

An dieser Stelle wird eine Würdigung der statistischen Tests als wesentlichen Bestandteils der epidemiologischen Methoden erforderlich. Das Ergebnis der üblichen statistischen Testverfahren wird meist mit dem Wahrscheinlichkeitsbegriff ausgedrückt, daß sich nämlich ein gefundenes Untersuchungsergebnis entweder zufällig oder nicht mehr zufällig, d. h. statistisch signifikant gesichert finden läßt. Mit dem entsprechenden Testwert, der meist als p-Wert eine Wahrscheinlichkeitsziffer ausdrückt, wird dann angegeben, wie wahrscheinlich ein Ergebnis der angegebenen Größenordnung noch zufällig gefunden werden kann. Damit stellt der statistische Test nur die Wahrscheinlichkeit eines Ergebnisses fest und überläßt dem einzelnen Betrachter die Einordnung des Ergebnisses, das entweder als „statistisch gesichert" oder als „noch zufällig und daher nicht ganz eindeutig spezifisch" imponiert. Dagegen liegt die Bedeutung der Risikorate in der Tatsache, daß sie die Intensität der Beziehung zwischen Ursache und Wirkung im Sinne eines Gradienten angibt. Das bedeutet, daß eine starke Beziehung eine hohe Risikorate hat und eine schwächere, möglicherweise ursächliche Beziehung eine entsprechend niedrigere Risikorate ergibt. Der statistische Test aufgrund dergleichen Daten kann zwar angeben, ob sich die Risikorate noch zufällig oder schon spezifisch ergibt, er sagt aber nichts über die Intensität der gefundenen Beziehung aus.

3. Attributables Risiko

Für die Abschätzung der Bedeutung einer ursächlichen Beziehung für die Prävention ist jedoch die Risikorate für die aus ihr ableitbare Angabe des attributablen Risikos von besonderer Bedeutung, um einen möglichen Erfolg einer präventiven Maßnahme abschätzen zu können. In dem gegebenen Beispiel kann auf Grund der gefundenen Risikoraten von 2.99 und 2.5 das attributable Risiko bestimmt werden.

Wenn die Inzidenz in der nichtexponierten Bevölkerung (ohne Parasitenbefall) gleich eins (1) gesetzt und das relative Risiko in der exponierten Bevölkerung dagegengestellt wird, ergibt sich aus der Differenz das sog. Über-Risiko (in dem vorliegenden Falle 2.99 minus 1 = 1.99, und 2.5 minus 1 = 1.5). Das attributale Risiko bestimmt sich aus den Quotienten Überschußrisiko (bei Exponierten)/„normales" Risiko (unter Nichtexponierten) und wird in Prozent ausgedrückt:

$$A_e\% = \frac{2.99 - 1}{2.99} \times 100 = 66,5\,\%$$

(wo $A_e\%$ attributables Risiko unter Exponierten in Prozent bedeutet). Mit diesem Wert wird also klar, daß 66 % der Blindheit verhütet werden könnten, wenn man die Exposition gegenüber dem Fadenwurm Onchocerca volvulus verhindert. Diese Angabe kann noch durch die Berücksichtigung des Durchseuchungsgrades der Gesamtbevölkerung modifiziert werden, der im Falle von Liberia bei etwa 67% liegt (d. h. 2/3 der Bevölkerung sind gegenüber der Onchozerkose-Infektion exponiert). Dabei findet sich, daß das um diese 2/3 der überhaupt unter Risiko stehenden Bevölkerung korrigierte attributable Risiko immer noch einen Wert von 50 % ergibt, welcher der Onchozerkose zugeschrieben werden muß. Die gesamte ländliche Bevölkerung des Landes erleidet mindestens 50 % mehr Blindheit, als ohne die Exposition gegenüber dem Parasiten zu erwarten wäre (Frentzel-Beyme, 1975b).

Aber auch dieses Ergebnis unterschätzt noch die wahre Tragweite der Augengefährdung, da sich ein schwerwiegender Fehler eingeschlichen hatte. Dieser ergab sich aus der Unterschätzung des spezifischen Risikos durch eine Untererfassung von Krankheitsfällen, die ja als Indikatoren für die Ursache zu sehen sind und deshalb gebraucht werden.[1]

In diesem Falle ergab sich aus der Betrachtung von Prävalenzzahlen, daß die Blinden meist verhältnismäßig jung waren, häufig den Beginn ihrer Erblindung in die letzten Jahre datierten und daß der kumulative Anstieg der zu erwartenden Fälle von Blindheit in höheren Altersgruppen ausblieb. Hier ergab sich ein Hinweis auf ein Phänomen: Bei genauerer Untersuchung zeigte sich nämlich, daß die Sterblichkeit an natürlichen und unnatürlichen Todesursachen unter den Blinden so hoch war, daß diese oft nicht länger als fünf Jahre überlebten. Somit waren wesentliche Zahlen der wirklichen Häufigkeit von Blindheit durch eine einfache Querschnittsuntersuchung, wie in diesem Falle den einmaligen Besuch der Dörfer, nicht zu erfassen (Frentzel-Beyme, 1974).

[1] Dieses besondere Beispiel ist gut geeignet, den Einfluß einer Untererfassung an Wirkungsindikatoren für die Ursache zu demonstrieren, der durch Erfassungslücken entstehen kann. Gleichzeitig soll dieses Beispiel der Hervorhebung der Bedeutung der Rolle von Krankheitsregistern dienen, die – wie Krebsregister – indikative Krankheitsfälle zu Lebzeiten erfassen, bevor die betreffenden Personen – oft an völlig anderen Krankheiten – sterben.

In der einmaligen Untersuchung wurden nur die Überlebenden oder kurzfristig Erblindete erfaßt, die wie die Spitze eines Eisbergs die ganze Dimension des Problems nur abschätzen ließen (Langham et al., 1975). Wie wichtig jedoch diese erste Abschätzung wurde, erhellt daraus, daß die Finanzierung eines 20jährigen Bekämpfungsprogrammes in den Ländern Westafrikas durch die Weltbank erst dann gesichert werden konnte, als der enorme wirtschaftliche Impakt so viel höherer Blindenzahlen klar wurde, wie sie aufgrund der Hochrechnungen im Anschluß an diese Erkenntnis nun deutlich wurden. Außerdem dienten zwei gezielte Nachuntersuchungen der Feststellung, daß in der Tat eine starke Frühsterblichkeit bei Blinden vorliegt (Rolland et al., 1978, Prost und Vaugelade, 1981).

4. Relatives und attributables Risiko im Vergleich

Die folgenden Grundregeln wurden von MacMahon zur Charakterisierung der beiden Maßzahlen festgehalten:

1. Die Angabe des relativen Risikos ist ein besserer Index als das attributable Risiko, *daß* eine kausale Beziehung zwischen Exposition und Krankheit überhaupt besteht (und zwar *relativ* zu Nichtexponierten).
2. Wenn eine solche Beziehung in Form einer Assoziation[2] als kausal angenommen wird, gibt das attributable Risiko eine bessere Vorstellung als das relative Risiko von dem Ausmaß, das eine erfolgreiche präventive Maßnahme haben könnte (Impakt).

Das kann durchaus dazu führen, daß – trotz der bekannten starken Assoziation des Lungenkrebses mit dem Rauchen – die Eliminierung des Zigarettenkonsums mehr Todesfälle an Herz-Kreislauf-Krankheiten als an Lungenkrebs verhüten helfen würde (MacMahon und Pugh, 1967).

[2] Assoziation: Dieser Begriff wird in der Darstellung epidemiologischer Forschungsergebnisse vorgezogen, da „Beziehung“ zuviel präjudiziert (Immich, 1974).

VI. DAS KRANKHEITSMODELL UND FORMEN DER EPIDEMIOLOGISCHEN UNTERSUCHUNG

1. Forschungshypothesen

Eine Hypothese nimmt in der Regel die Form eines Forschungsmodells an: Es wird nicht mehr nur hypothetisch der Zusammenhang eines vermuteten Risikofaktors mit einer Krankheit behauptet, sondern auch eine Vorstellung über einen möglichen Mechanismus der Krankheitsverursachungen entwickelt. Dafür wird meistens das Beispiel der Folgen des Inhalierens von Zigarettenrauch zitiert, daß nämlich beim Rauchen eingeatmete Stoffe hypothetisch als krankheitserregende Substanzen für die Atmungsorgane angenommen werden. Man kann aber auch annehmen – auf der Grundlage einer anderen Modellvorstellung –, daß es Einflüsse von persönlichen und Verhaltensfaktoren sind, die Rauchen als „wehende Flagge“ führen und wiederum Immunprozesse beeinflussen, so daß es dadurch zur Entwicklung eines bereits auf der Gewebeebene angelegten Krankheitsprozesses zu einem klinisch manifesten Krankheitsbild kommt (wie das Beispiel der Aktivierung einer Polyarthritis oder die oft kurzfristig beschleunigte Entwicklung von bereits auf der Gewebeebene angelegten bösartigen Wachstumsprozessen beim Krebs zeigen).

Aufgrund solcher Annahmen zur Hypothese wird dann das weitere Vorgehen bestimmt, nämlich wie die fraglichen Merkmale, Faktoren oder Lebenssituationen der zu untersuchenden erkrankten Personen systematisch zu ermitteln sind und mit dem Vorliegen dieser von (noch) nicht Erkrankten ebenfalls ermittelten Faktoren verglichen werden sollen. Hiermit sind wir bereits bei einer Studienkonzeption, die dem wissenschaftlichen Experiment ähnlich ist und auf die Erfassung von solchen Merkmalen hin angelegt sein muß, die – in einer wissenschaftlich durchdachten Weise und vielleicht auch auf der Grundlage bereits vorliegender Erkenntnisse – als Ursache einer Krankheit vermutet werden können. Hier gibt es bekanntlich – und unerfreulicherweise in ständig steigendem Maße – eine Fülle denkbarer ursächlicher Faktoren. Fast keine chemische Substanz ist a priori als unschädlich zu betrachten, und der Untersuchung dieser oft neuen Kreationen menschlichen Forschergeistes gelten zunehmend auch epidemiologische Studien.

2. *Ein Vergleich der Studienformen*

Seit mehr als 20 Jahren hat sich ein Standardvorgehen der epidemiologischen Forschung ergeben, wobei der Ansatz eines Experimentes imitiert wird. Die beiden Verfahren betreffen

- entweder den Vergleich des Vorliegens oder Einflusses von Risikofaktoren in einer Bevölkerung, in der dann die auftretenden Krankheitsereignisse spezifischer Natur untersucht werden, während eine Vergleichsbevölkerung ohne die Einwirkung der gesuchten Risikofaktoren zur Kontrolle herangezogen wird. Ausgehend vom Ereignis, der sog. Exposition gegenüber dem Risikofaktor, beobachtet man das Auftreten von Krankheiten und benutzt dabei ein prospektives Vorgehen;
- oder die Stärke der Beziehung zwischen der bereits aufgetretenen Krankheit und einem Risikofaktor oder einem ganzen Bündel solcher Risiken wird mit der Häufigkeit der Befunde bei noch nicht erkrankten Personen verglichen. Für diese Art der Risikountersuchung müssen bereits Krankheitsfälle vorliegen, und deshalb wird dieses Vorgehen als retrospektiv (auf das vor der Erkrankung liegende Ereignis zurückblickend) bezeichnet.

Beide Studienformen sollen nochmals etwas ausführlicher gegenübergestellt werden. Bei der retrospektiven Studie ist das Ergebnis, der Krankheitsfall, bereits vorhanden, und erst danach wird das Experiment rekonstruiert. Die Studie heißt daher auch Fall-Kontroll-Studie, da man die krankmachenden Faktoren von den Trägern der Krankheit (den Fällen) erfahren möchte und die allgemeine Häufigkeit solcher Faktoren bei nicht erkrankten Kontrollpersonen erheben muß. Hauptaufgabe des Wissenschaftlers ist es, die Bedingungen möglichst genau zu rekonstruieren, die bei Beginn des „natürlichen Experiments“ bestanden haben. Infolge einer falschen Auswahl von Kontrollpersonen werden Verzerrungen möglich, die das Ergebnis völlig verfälschen können. Zur „Kontrolle“ solcher verzerrender Einflüsse ist die Wahl einer optimalen Vergleichsgruppe erforderlich, und hier liegen die Schwierigkeiten von Fall-Kontroll-Studien. Es gelingt meist oder immer, eine Gruppe von interessanten Krankheitsfällen zusammenzustellen, jedoch selten, eine optimale Vergleichsgruppe zu finden. Hierzu werden jedoch statistische und weiterführende epidemiologische Prinzipien erforderlich, mit deren Hilfe heute versucht wird, solcher Probleme wie mangelnde Vergleichbarkeit und mögliche Verzerrungen Herr zu werden. Es können auch mehrere Kontrollgruppen für eine Fall-Gruppe verwendet werden. Aus der Konsistenz der Ergebnisse eines Vergleichs mit den verschiedenen Kontrollgruppen sind weiterführende Hinweise auf die bei allen Vergleichen persistierenden ursächlichen Faktoren zu gewinnen.

Die Vorzüge der Fall-Kontroll-Studie sind jedoch so groß, daß diese Studienform trotz der genannten Schwierigkeiten zunehmend häufig verwandt wird, wenn man kurzfristig Informationen über mögliche Risikofaktoren sucht. Einer der Vorteile ist offenbar, daß die Studie wenig zeit- und kostenaufwendig ist, verglichen mit der anderen Studienform, in der aufgrund des prospektiven Charakters eine große Bevölkerungsgruppe über lange Zeiträume beobachtet werden muß, weil auf das Auftreten von Ereignissen wie Krankheit oder Tod noch gewartet werden muß.

Daher ist die Fall-Kontroll-Studie oft der erste Schritt zur Untersuchung einer vermuteten Beziehung zwischen Ursache und Wirkung oder zur Formulierung von Fragestellungen, die dann mit prospektiven Methoden überprüft werden.

Ein weiterer Vorteil ist, daß bei seltenen Krankheitsformen mit niedriger Häufigkeit in der Gesamtbevölkerung (niedrige Prävalenz) die Fall-Kontroll-Studie die einzige Möglichkeit darstellt, mit erträglichen Kosten eine hinreichende Zahl von Krankheitsfällen zusammenzustellen und der Untersuchung zuzuführen.

Natürlich gibt es auch Nachteile, die leider unübersehbar sind: Einmal ist die grundsätzlich retrospektive Betrachtungsweise mit einer hohen Fehlerwahrscheinlichkeit behaftet, da man entweder auf Unterlagen angewiesen ist, die zunächst nicht für die Studie bestimmt waren und daher oft nicht standardisiert oder lückenhaft erhoben worden sind, und auch da sich Verzerrungsmöglichkeiten bei der Erfassung der Krankheitsfälle ergeben; zum anderen ist von einer Befragung von Krankheitsfällen und besonders von Gesunden hinsichtlich besonderer Ereignisse und Risikofaktoren oft nur eine unsichere Auskunft zu erwarten, so daß hier die Fehlermöglichkeiten sehr groß sind. Erkrankte Personen erinnern sich bekanntlich besser an bestimmte Ereignisse als noch nicht erkrankte Kontrollpersonen, die keine Veranlassung hatten, über eventuell interessierende Ereignisse besonders nachzudenken. Der Vergleich von Angaben beider Personengruppen ist aber der wesentliche Punkt der

Studie. Somit kann man oft nur auf Angaben hinweisen, die aufgrund verläßlicher Kriterien überprüfbar sind (z. B. Beruf und Dauer einer Tätigkeit, Angewohnheiten wie Rauchen oder Alkoholkonsum, die von Angehörigen oder der Umgebung einer Person bestätigt werden können usw.). Ein großer Nachteil ist darüber hinaus, daß bei einer Fall-Kontroll-Studie immer nur ein einzelner Krankheitstyp untersucht werden kann (eben die Krankheit, die eine Fall-Gruppe charakterisiert).

Demgegenüber wurde zum Prinzip der prospektiven Studie zur Untersuchung einer Ursache-Wirkung-Beziehung bereits definiert, daß hier als Ausgangspunkt ein krankmachendes Ereignis gilt, an das anschließend Neuerkrankungen erfaßt und mit den Häufigkeiten in einer nicht diesem „neuen" Ereignis ausgesetzten Gruppe verglichen werden. Man definiert also eine Risikobevölkerung und eine Kontrollbevölkerung, und Abweichungen von den Erwartungswerten (an Krankheiten in der Kontrollbevölkerung) werden gemessen. Auch hier ergeben sich Probleme, wenn man an die geringe Erwartungshäufigkeit der meisten Krankheiten in der Durchschnittsbevölkerung denkt (wie z. B. bestimmte Krebsformen).

3. Beispiel: Berufsrisikostudien

Berufsgruppen sind gewissermaßen natürliche prospektive Personengruppen, deren gemeinsame Eigenschaft eine starke Exposition gegenüber chemischen, physikalischen oder anderen krankmachenden Einflüssen in meßbaren Zeitabschnitten ist. Diese Eigenschaft des Eintritts in eine bestimmte Situation in bestimmten Zeitabschnitten hat zum Vergleich mit den im römischen Militärwesen begründeten Geburtsjahrgängen oder Kohorten geführt. Mitglieder solcher Kohorten hatten ursprünglich gemeinsam, im gleichen Zeitraum geboren zu sein und gemeinsam durch die Zeit zu marschieren, über Schlachtfelder und alle damit verbundenen Risiken bis zur Auflösung der Kohorten durch Tod oder Ende der Dienstzeit. Daher werden heute prospektive Studien auch als Kohortenstudien bezeichnet.

Nach dieser Erläuterung des Ursprungs einer heute gängigen Bezeichnung sollen nun die zwei prinzipiellen Ansätze genauer betrachtet werden: Zunächst der Ansatz mit zurückverlegtem Beginn. Dieses im Prinzip auch prospektive Vorgehen macht sich die Tatsache zunutze, daß ein großer Teil der Latenzzeit bis zum Auftreten sog. chronischer Krankheiten (die ja oft zehn und mehr Jahre betragen kann) bereits verstrichen ist, wenn man eine Studienkohorte vom Einwirken eines ersten Faktors in der Vergangenheit definiert und nach Verstreichen einer bestimmten Zeitperiode in eine Studie aufnimmt. Der Vorteil dieser Studienform ist dadurch gegeben, daß die notwendige Beobachtungszeit beträchtlich abgekürzt wird, wenn es sich, wie gesagt, um solche Krankheiten handelt, deren Entstehungszeit nicht nur eine lange Einwirkungsdauer der betreffenden krankmachenden Ursache, sondern auch eine entsprechend lange Entstehungsdauer der erkennbaren Krankheitssymptome voraussetzt. Prinzipiell soll die Auswahl der Exponierten und der Vergleichsgruppe aufgrund von Listen oder Verzeichnissen erfolgen, die in der Vergangenheit möglichst lückenlos angelegt worden sind. Hiermit kommt man zum kritischen Punkt solcher Untersuchungen. Um Einflüsse der Selbstselektion, d. h. der Aufnahme solcher Personen, die noch für eine Studie zur Verfügung stehen, auszuschalten, muß sichergestellt werden, daß die gesamte Kohorte in eine solche Studie eingeht, und nicht etwa nur eine Untergruppe, die sich noch leicht finden läßt oder sogar die Restgruppe von Überlebenden darstellt. Daher ist von besonderer Bedeutung, daß Verzeichnisse oder entsprechende Dokumentationen vorliegen, aus denen ganz sicher hervorgeht, wie groß die betreffende Kohorte zu Beginn der zu untersuchenden Risikoexposition gewesen ist. Mit dieser vollständigen Erfassung steht und fällt der Erfolg einer solchen Studie. Schließlich soll ja ein natürliches Experiment rekonstruiert und nicht mit dem Teilergebnis eines Experiments, den noch gesunden Überlebenden etwa, gearbeitet werden, so daß das Ergebnis völlig verfälscht wird. Nicht zuletzt wegen dieser Ansprüche an eine gute Kohortenstudie gibt es relativ wenige Studien, die wesentliche Anforderungen erfüllen und für die Beurteilung einer Ursache-Wirkung-Beziehung wirklich ausreichen.

Bei diesem Studientyp können zum Zeitpunkt der Durchführung der Untersuchungen (in der Gegenwart) alle relevanten Ereignisse schon aufgetreten sein: Sowohl die Ursache (z. B. die berufliche Exposition) als auch die Wirkung (z. B. eine bestimmte chronische Krankheit, ein spezifischer Krebstyp oder der Todesfall) sind bereits eingetreten. Trotz des zurückverlegten Beginns begleitet die Studie die gesamte Kohorte von der Bildung her und unterscheidet sich damit wesentlich von der Fall-Kontroll-Studie. Um es noch einmal zu wiederholen: zunächst muß die Ursache vorliegen, gegenüber der alle noch gesunden Personen exponiert sind, und danach wird das Auftreten solcher Fälle, die die Wirkung bezeugen können, untersucht.

Die Vorteile dieses Studientyps sind beträchtlich. Da die Wirkung bereits vorliegen kann, ermöglicht dieser Studientyp bereits ein Ergebnis, wobei die Kosten sich in einem abschätzbaren Rahmen bewegen und die Zeitspanne einer solchen Untersuchung absehbar ist. Diese Faktoren hängen natürlich von dem Zugang zu den erforderlichen Daten und Unterlagen zur Krankheit und Todesursache ab und auch von der Größe einer gebildeten Studiengruppe. Die zu Vergleichszwecken herangezogenen Kontrollgruppen können unterschiedlicher Art sein, worauf später noch eingegangen wird.

Das Charakteristikum der zweiten Art von Kohortenstudie, der echten prospektiven Studie, ist das Warten auf die „Wirkung", wobei die zu untersuchende Ursache bei Beginn der Studie bereits eingewirkt haben kann (für eine bestimmte Zeitperiode in der Vergangenheit) oder die Studie sogar erst mit dem Beginn dieser Exposition anfängt. Auf jeden Fall ist auch hier die gesamte Kohorte noch gesund, und die Indikatoren der Wirkung, Krankheit oder Todesfall, liegen noch nicht vor. Daher erfordert dieser Ansatz die begleitende Überwachung der Gesundheit der in die Studie einbezogenen exponierten Personen.

Die Vorteile der Kohortenstudie liegen in der größeren Sicherheit der Information über die Beziehung zwischen Exposition und Wirkung, da man mit einem standardisierten Vorgehen ganz systematisch das Auftreten von Krankheiten untersuchen kann. Man ist also nicht, wie in retrospektiven Studien oder bei der Kohortenstudie mit zurückverlegtem Beginn, auf bereits vorhandene und in der Regel für andere Zwecke erhobene Daten aus der Vergangenheit angewiesen. Außerdem werden alle Krankheiten, die im Anschluß an eine untersuchte Exposition mit Auswirkung auf die Gesundheit auftreten können, erfaßbar.

Dagegen gibt es allerdings auch Nachteile, wozu die Dimension einer solchen Studie gehört, die naturgemäß nur in großen, stabilen Gruppen von Bevölkerungen (ganze Dörfer oder Kleinstädte, zumindest große Gruppen von Industriepopulationen) durchgeführt werden kann (Kessler und Levin, 1970). Darüber hinaus sind lange Beobachtungszeiträume erforderlich, bevor verwertbare Resultate auftreten können. Das Problem der Latenzperiode wurde oben schon angesprochen. Weitere Nachteile ergeben sich aus der oft begrenzten Dauer der Beschäftigung von Personen in Risikoberufen, einmal durch einen Wechsel von Produktionsverfahren und den sich damit ergebenden Veränderungen in der Risikosituation sowie Arbeitsplatzwechsel oder Ausscheiden aus gesundheitlichen Gründen.

Epidemiologische Studien haben zwar den Vorzug, daß sie durchaus dazu verhelfen können, starke Risikofaktoren schnell zu identifizieren; in den Niedrigbereichen, die oft für die Bestimmung von Schwellen- und Grenzwerten untersucht werden sollen, haben sie jedoch Schwächen. Um mit einiger Sicherheit ein mehr als zweifaches Risiko für seltene Krankheiten statistisch gesichert feststellen zu können, bedarf es sehr großer Studienpopulationen (mindestens 2000 Personen). Darüber hinaus ist man oft nicht in der Lage, die Risikoexpositionen in der Vergangenheit quantitativ zu bestimmen oder sogar Unterlagen mit präzisen Messungen zu finden. Dieses Problem wird immer wieder aktuell, obwohl oft erhebliche Belästigungen durch Staub, Dämpfe und Gase vorgelegen haben. Diese mehr subjektiven Angaben müssen oft ausreichen, um gegebenenfalls eine entsprechende Situation zu rekonstruieren und dann Messungen durchzuführen, als hätte man frühere Verhältnisse wiederhergestellt.

Ein sehr großes Problem sind daneben die sog. Mischexpositionen, die bei den meisten in der Industrie beschäftigten Personengruppen nicht auszuschließen sind. Nicht nur hintereinander, sondern oft zu gleicher Zeit sind viele Personen den verschiedensten Einflüssen ausgesetzt. Diese müssen zumindest bei der Interpretation von Befunden berücksichtigt werden. Dabei ergeben sich auch Bedarfsanforderungen an die epidemiologische Forschung, um solchen Problemen in Zukunft besser gewachsen zu sein. Um sich weiterhin des Instruments der epidemiologischen Studie für die Aufdeckung von vorher unbekannten Karzinogenen oder anderen Risikofaktoren für die Gesundheit bedienen zu können, sollten in Zukunft genaue Dokumentationen über Bedingungen und Meßwerte am Arbeitsplatz, genaue Dokumentationen über die Anzahl der Mitarbeiter, deren Eintritt in einen Risikobereich oder eine Tätigkeit, die möglicherweise gesundheitsschädlich ist, und eine genaue Dokumentation medizinischer und sozioökonomischer Befunde in diesen Risikobevölkerungen bereitstehen. Viele Substanzen, denen gegenüber Personen an ihrem Arbeitsplatz exponiert sind, stellen auch in der allgemeinen Bevölkerung mögliche, meist ungewollte Risiken dar. Aus diesem Grunde ist die Forschung in Berufszweigen von besonderer Bedeutung. Es hat sich sogar herausgestellt, daß Substanzen vom Arbeitsplatz auf die Familie übertragen werden konnten, so daß beispielsweise mit der Asbest-Exposition zusammenhängende Krankheiten bei Familienmitgliedern auftraten, die selbst gar nicht mit Asbest zu tun hatten. Frauen und Kinder erkrankten an tödlichen Tumoren der Lunge, und es stellte sich heraus, daß in der Arbeitskleidung der Männer Asbestfasern mit nach Hause gebracht wurden.

VII. EBENEN DER EPIDEMIOLOGISCHEN ARGUMENTATION

In der Ursachenforschung mit epidemiologischen Methoden muß immer wieder dem Einwand begegnet werden, daß man mit diesen Methoden eigentlich einen kausalen Zusammenhang nicht beweisen kann oder zumindest einige Anforderungen des Nachweises an eine Ursache-Wirkung-Beziehung äußerst schwierig zu erfüllen sind. Diese Problematik hat dazu geführt, daß eine Beurteilung der Aussage epidemiologischer Untersuchungen nach bestimmten Kriterien erfolgt, die auch als Stufen der epidemiologischen Argumentation bezeichnet werden.

Die verschiedenen Argumentationsebenen lassen sich sehr gut an einem Beispiel darstellen, das schon allein dadurch sehr beliebt ist, daß die Zusammenhänge inzwischen auch dem Laien einigermaßen plausibel erscheinen. Es handelt sich um den Zusammenhang zwischen dem Zigarettenrauchen und der Häufigkeit von Lungenkrebs.

Eine erste Ebene des Vergleichs ist die Korrelation, die seit Jahren recht beliebt ist, wie am Beispiel der parallelen Zunahme sowohl der Krankheit Lungenkrebs als auch des Zigarettenverbrauchs pro Kopf in der Bevölkerung gezeigt werden kann.

Die damit zahlenmäßig deutliche – grafisch gut darstellbare – zeitliche oder örtliche Beziehung erscheint zwar sehr einleuchtend, doch muß man sich hier vor einer Scheinkorrelation hüten, die ja immer mit dem trivialen Beispiel der Abnahme der Störche und dem Absinken der Geburten nach dem letzten Weltkrieg überdeutlich demonstriert wird. Natürlich wäre es mit einer ursächlichen Beziehung zu vereinbaren, daß in der Bundesrepublik während der letzten 30–40 Jahre mit einer Zunahme des Zigarettenverbrauchs auch ein Anstieg der Inzidenz und der Sterblichkeit an Bronchialkarzinomen einhergeht. Ebenso gibt es diese Beziehung auch als örtliche Korrelation: In Gebieten mit hohem Zigarettenkonsum (USA, England und Mitteleuropa) ist auch eine hohe Sterblichkeit an Lungenkrebs bekannt. Noch gewichtiger wird das Argument, wenn in Ländern mit weniger hohem Zigarettenkonsum auch eine geringere Sterblichkeit an Lungenkrebs zu finden ist, wie z. B. in Schweden.

Hierbei muß jedoch der ökologische Trugschluß beachtet werden, der immer bei solchen statistischen Korrelationen ins Spiel kommen kann. Dieser Trugschluß besteht darin, daß zwei Beobachtungen, obwohl zur gleichen Zeit erhebbar, durchaus unabhängig voneinander sein können, da sie aus völlig anderen als ursächlichen Gründen gemeinsam häufiger werden können, wie z. B. Verbrauchstrends an Zigaretten und Sterblichkeit an bestimmten Todesursachen. So könnte die Abnahme der Tuberkulose und des Magenkrebses ja mit der Zunahme des Zigarettenrauchens korreliert werden in dem Sinne, daß das Rauchen ein Zeichen dafür ist, daß Personen sich gesünder fühlen und mehr rauchen oder sogar weniger erkranken, wenn sie mehr rauchen. Der ökologische Trugschluß kann immer dann auftreten, wenn nur Global- oder Aggregatdaten miteinander in Beziehung gesetzt werden und nicht die für eine echte Korrelation erforderlichen Individualdaten. Mit Individualdaten ist gemeint, daß sowohl die Gewohnheit des Rauchens als auch das Auftreten der Krankheit, wie z. B. Lungenkrebs, als Angaben von der gleichen Person vorliegen.

Die zweite Stufe der epidemiologischen Argumentation beruht daher auf Aussagen solcher sog. Fall-Kontroll-Studien, in denen Patienten mit Lungenkrebs nach ihren Rauchgewohnheiten gefragt werden und ihre Aussage mit denen von nicht erkrankten Personen verglichen wird, ebenfalls hinsichtlich der Häufigkeit und der Menge des konsumierten Tabaks. Im Falle der Lungenkrebspatienten werden meistens über 90 % von ihnen angeben, daß sie täglich mehr als 20 Zigaretten geraucht haben, wogegen von den Kontrollgruppen oder der zum Vergleich herangezogenen Vergleichsbevölkerung oft ein wesentlich geringerer Tabakkonsum angegeben wird. Die Ergebnisse solcher Studien weisen dann auch entsprechend immer in Richtung eines starken Risikos für Raucher, an Lungenkrebs zu erkranken.

Die dritte Stufe der epidemiologischen Argumentation ist dann, den Nachweis des Zusammenhanges mittels einer Kohortenstudie zu erbringen, in der Nichtraucher (Vergleichskohorte) hinsichtlich des Auftretens von Krankheiten und vor allen Dingen von Lungenkrebs mit Rauchern (Studienkohorte) verglichen werden. Bei einer solchen Studie ist man nicht auf die subjektiven Angaben nach eingetretener Erkrankung angewiesen, weil der Kranke sich mehr oder weniger gut erinnern wird und im Falle einer Lungenkrankheit selbstverständlich eher geneigt ist, dem Rauchen ein großes Gewicht beizumessen und die Angaben möglichst zutreffend oder sogar übertrieben zu machen, verglichen mit einer gesunden oder zumindest nicht von einer Lungenkrankheit betroffenen Person. Die Kohortenstudie ermöglicht auch die Untersuchung des Zusammenhangs zwischen der dokumentierten Dauer der Exposition, also der gerauchten Menge Zigaretten während der Gesamtzeit, mit dem späteren Ergebnis in Form einer Krankheit, die während der Studienperiode auftritt. Solche Studien wurden in den USA und England bereits durchgeführt, wobei die Angaben zum Rauchen oft unterschiedlich gut festgehalten wurden. Kohortenstudien in bestimmten Berufszweigen haben dagegen oft den Vorteil, daß die bedeutsamen Arbeitsplatzexpositionen aus betriebsinternen Gründen verhältnismäßig gut dokumentiert sind und sich bei einer Auswertung von später erfaßter Krankheitshäufigkeit als nützliche Unterlagen für die Dosisbestimmung[1] erweisen.

Die vierte Stufe der epidemiologischen Argumentation wird nämlich dann erreicht, wenn man eine Dosis-Wirkung-Beziehung zwischen dem Risikofaktor und der Häufigkeit bestimmter Krankheiten finden kann. Wie oben bereits gesagt, ist in den meisten Studien bisher das Krankheitsrisiko mit der Menge des gerauchten Tabaks einhergegangen. So haben prospektive Studien ergeben, daß das Lungenkrebsrisiko zehnfach und noch stärker ansteigen kann, wenn eine Person mehr als 30 Zigaretten pro Tag raucht. Dabei ist dieser Anstieg meistens gradiell, und ein Risikogradient weist sehr stark auf einen ursächlichen Zusammenhang zwischen Exposition gegenüber dem betreffenden Risikofaktor und der später auftretenden Krankheit hin.

Die höchste Stufe der epidemiologischen Argumentation ergibt sich aus dem Resultat einer Interventionsstudie. Wenn nämlich die Beseitigung eines Risikofaktors das Krankheitsrisiko in der entsprechenden Bevölkerung vermindert, so ist eine kausale Beziehung sehr wahrscheinlich. Eine vielbeachtete Studie unter englischen Ärzten hat ganz deutlich ergeben, daß nach dem Aufgeben des Rauchens das Lungenkrebsrisiko auf das gleiche niedrige Niveau der Lungenkrebssterblichkeit wie bei Nichtrauchern zurückgeht (Doll und Peto, 1976, Doll et al., 1980).

Neben diesen Ebenen der epidemiologischen Argumentation sind noch folgende Kriterien für die Beurteilung einer Beziehung

[1] Dosis in Form eines meßbaren Kontaktes mit einem Risikofaktor, entweder nach Intensität (Konzentrationsmessung, z. B. von Gasen, Staub oder Strahlen) oder Dauer (z. B. Arbeitszeit unter Exposition).

zwischen der vermuteten Ursache und der Wirkung in Form von Krankheit oder Tod allgemein anerkannt.

1. Jede epidemiologische Studie sollte die Stärke der Ursache-Wirkung-Beziehung ausdrücken, wozu das Intensitätsmaß in Form des relativen Risikos verwendet wird. Eine moderne epidemiologische Studie soll ein Ergebnis in Form des relativen Risikos benennen können und damit die Stärke der gefundenen Beziehung quantifizieren.

2. Weisen Ergebnisse verschiedener Studien in die gleiche Richtung und wird eine übereinstimmende Beziehung deutlich, so ist ein ursächlicher Zusammenhang entsprechend wahrscheinlicher. Viele retrospektive wie auch prospektive Studien haben eine starke Beziehung zwischen Asbeststaubexposition und anschließendem Lungenkrebs ergeben, wobei die einzelnen Studien nicht immer statistisch ausreichend zu sichern waren, in der Konsistenz der Ergebnisse allerdings keinen Zweifel ließen, daß die Beziehung tatsächlich besteht. Hier muß jedoch gesagt werden, daß auch verschiedene Studien durch falsche Anlage und falsche Durchführung zu verkehrten Ergebnissen führen können und daher eine solche gegenseitige Bestätigung nicht beweisend zu sein braucht.

3. Da die Ursache logischerweise vor der Wirkung liegen muß, spricht eine eindeutige chronologische Folge des Einwirkens eines Risikofaktors vor dem Auftreten der Krankheit für einen ursächlichen Zusammenhang. Dieser ist z. B. im Falle Zigarettenrauchen und Lungenkrebs immer gegeben. Hierbei muß noch beachtet werden, daß die zeitliche Abfolge selbstverständlich biologisch ausreichend plausibel sein muß, da ja die Dauer der Einwirkung eines Risikofaktors auch eine große Rolle spielt und aus dem Verlauf bestimmter Krankheiten bekannt ist, daß ihre Entstehung lange Zeit benötigt, die sog. Latenzzeit.

4. War soeben von bestimmten biologischen Mindestvoraussetzungen und Eigenarten die Rede, so gilt natürlich ganz allgemein, daß Befunde aus epidemiologischen Studien mit den Forschungsergebnissen der Grundlagenforschung und der Pathologie übereinstimmen müssen. Nur solche Ergebnisse werden allgemein akzeptierbar sein, die das vorhandene Wissen sinnvoll ergänzen und diesem nicht diametral entgegengesetzt sind. Es muß aber noch einmal daran erinnert werden, daß die Stärke der Epidemiologie darin begründet ist, daß eine Ursache-Wirkung-Beziehung bereits lange vor der Aufdeckung der einzelnen Schritte des krankmachenden Mechanismus gefunden werden kann, wodurch auch wiederum

Verhütung ermöglicht wird, selbst wenn man die Behandlung oder die sekundäre Prävention der Krankheit noch nicht beherrscht. Diese Tatsache ist bereits am Beispiel der Cholera und des Kindbettfiebers dargestellt worden.

5. Ein wichtiges Kriterium ist die Spezifität der Beziehung zwischen Ursache und Wirkung, obwohl man es auf diesem Gebiet noch mit einigen Widersprüchen zu tun hat. Als eine spezifische Wirkung gilt die Verursachung von Lungentumoren durch Asbeststaubinhalation, wogegen diese bekanntlich nicht zur Bildung von bösartigen Tumoren oder anderen Krankheiten im Bereich der Sinnesorgane, der Knochen oder der Leber führt. Dennoch gibt es auch andere Tumorformen, häufig bei langfristiger Asbestexposition, nämlich Magen-Darm-Tumoren und solche der auskleidenden Gewebe der Körperhöhlen (Rippenfell und Bauchfell). Ebenso ist auch das Tabakrauchen mit anderen Krankheitsformen in Zusammenhang zu bringen, wie z. B. Blasenkrebs, Herzinfarkt oder chronische Bronchitis, so daß hier die Forderung nach einer spezifischen Beziehung nicht sicher erfüllt ist. Dieses Kriterium stammt allerdings auch aus einer Zeit, als man noch mit der monokausalen Denkweise nach einzelnen Ursachen für bestimmte Krankheiten suchte, wie beispielsweise in der Infektionskrankheitenepidemiologie. Die Spezifität einer Beziehung ist daher äußerst hilfreich, aber nicht von so großem Gewicht wie z. B. die vorangegangenen Kriterien.

VIII. EPIDEMIOLOGIE AUF DER BASIS VON STERBLICHKEITSDATEN

1. Sterblichkeitsdaten als Informationsquelle

Für die Epidemiologie und die Krankheitsursachenforschung sind Krankheitsfälle die notwendige Voraussetzung, um die Ursachen der untersuchten Krankheit zu erforschen. Mit anderen Worten, eine neue, bislang unbekannte Krankheit wird nicht nur die Suche nach neuen Behandlungsmethoden für die bereits von der Krankheit befallenen Personen stimulieren, sondern auch mit der Suche nach den Gründen für dieses Auftreten neuer Krankheitsfälle einhergehen.

Solange es jedoch keine Krankheitsregister gibt, die gewissenhaft jeden einzelnen Neuerkrankungsfall an einer Reihe von bereits bekannten Krankheiten verzeichnen[1], bleibt die Sterblichkeit an einzelnen hochgradig tödlichen Leiden die einzige allgemein verfügbare Informationsquelle für Krankheitshäufigkeit. Dabei liegt es in der Natur der Sache, daß nur Sterbefälle an bestimmten Krankheiten in dieser Statistik auftauchen, d. h. Krankheiten mit hoher Letalität[2] werden mit größerer Wahrscheinlichkeit und genauer erfaßt als Krankheiten mit niedriger Letalität.

Ein Vorteil der Benutzung von Angaben der Sterblichkeitsstatistik ist zunächst, daß das Ereignis Tod ein sog. hartes Datum ist und somit eine Angabe zur Todesursache, zumeist ja eine Krankheit, ein hartes Faktum darstellt. Dies ist im Gegensatz zu den vielen möglichen diagnostischen Schritten bei der Erkennung von neu auftretenden Krankheiten eine sehr wichtige Tatsache für die epidemiologische Forschung. Während der Tod definiert ist, hängt es bei Neuerkrankungen ja oft von der Verfügbarkeit der diagnostischen Mög-

[1] Im Rahmen der Bezahlung für Krankheitsbehandlung wird dagegen in allen Versicherungsgesellschaften mit größtmöglicher Genauigkeit jede Krankheit registriert, allerdings unsystematisch und ohne daß eine Zusammenführung der Informationen beabsichtigt ist.

[2] Sterblichkeit an einer bestimmten Krankheit, im Gegensatz zur Mortalität, der Sterblichkeit überhaupt.

lichkeiten ab, ob eine Person frühzeitig oder in einem späten Stadium der Krankheit erkannt wird. Ein besonders eindrucksvolles Beispiel ergibt sich aus der angeborenen Stoffwechselstörung Phenylketonurie, die früher erst durch ihre verheerenden Folgen nach Erreichen des 5. bis 10. Lebensjahrs bei Kindern erkannt werden konnte, und zwar an der zunehmenden geistigen Behinderung, während mit der Einführung einer einfachen Früherkennungsmethode durch die Untersuchung eines Blutstropfens gleich nach der Geburt eine Erkennung bereits zu diesem frühen Zeitpunkt möglich ist.[3]

2. *Datenbasis für eine wesentliche Aktivität: Die Todesursachenstatistik*

Bereits 1662 hatte *John Graunt* eine Auswertung der Sterbeurkunden von London vorgenommen.[4] In seinem Werk ›Natural and Political Observations Made upon the Bills of Mortality‹ zog dieser wißbegierige Londoner bereits eine Reihe von Schlußfolgerungen, die zur zunehmenden Berücksichtigung der Datenquelle Todesbescheinigung führten. Einmal, daß es eine gewisse Regelmäßigkeit in der Sterblichkeit insgesamt gab, und zum andern, daß man aus der Analyse der Daten und bestimmter Abweichungen auch bestimmte Schlüsse auf das menschliche Verhalten und das der Krankheiten ziehen konnte. Aus der Nutzung der in großen Mengen Jahr für Jahr anfallenden Daten hat sich weltweit eine intensive Beschäftigung mit dieser verhältnismäßig kostengünstigen Informationsquelle ergeben. Als Standard für die Bezeichnung der Todesursachen wurde eine internationale Klassifikation von Krankheiten entwickelt (ICD). Diese wird in 10jährigen Abständen verbessert und den Erfordernissen angepaßt – inzwischen zum Leidwesen solcher Forscher, die Langzeit-Analysen der Todesursachen anstreben und bei „revidierten" Diagnosen und neuen Verschlüsselungskategorien dann oft Änderungen der Zuordnung als die wahrscheinlichste Ursache plötzlicher Abweichungen der Häufigkeit einer Todesursache feststellen müssen. Ebenso stören diese Revisio-

[3] Diese Früherkennung ist besonders deshalb erfolgreich, weil inzwischen eine frühe Behandlung und Verhütung der schlimmsten Folgen dieser Stoffwechselkrankheit möglich ist.

[4] Die damals Bill of Mortality hießen.

nen bei langfristigen Dokumentationen wie Krankheitsregistern, die über Dekaden bestehen und dann natürlich jeweils auf den „neuesten Stand“ gebracht werden müssen, wodurch sich oft Verschiebungen ganzer Krankheitsgruppen ergeben können. Dennoch werden die Revisionen, die von den internationalen Gremien mit viel Mühe betrieben wurden, als sehr wichtig angesehen. Genauso wichtig ist natürlich, daß die neuen Vorschriften jeweils als verbindlich betrachtet und im internationalen Rahmen verwendet werden. Auf Grund der bestehenden Klassifikationssystematiken sind internationale Vergleiche der Todesursachen möglich geworden und werden in zunehmendem Maße durchgeführt. Das gilt sowohl für die Säuglingssterblichkeit als auch für die wichtigsten Krankheiten wie Herz-Kreislauf-Krankheiten und Krebs.

Ausgehend von dem großen Informationsgehalt der Todesursachenstatistik wurde von der Weltgesundheitsorganisation seit vielen Jahren bereits eine systematische Zusammenführung dieser Informationen begonnen.

Diese systematische Arbeit im internationalen Rahmen bestand darin, daß zunächst die WHO ihren Mitgliedsländern empfahl, sog. Nationale Komitees für Bevölkerungs- und Gesundheitsstatistik zu gründen. Das war 1950, und bereits 1951 lagen erste Daten vor. Dabei ergab sich, daß von der Gesamtbevölkerung der Erde (1950: 2,4 Milliarden, 1971: 3,7 Milliarden) 1950 erst 71 %, 1971 hingegen 94 % durch vollständige Zählung erfaßt waren. Der Rest wurde durch Schätzung ermittelt, wogegen eine 100 %ige Erfassung bereits 1950 in Europa, der UdSSR und in den USA vorlag. Fortschritte bei der Erfassung wurden allerdings in Asien und in Afrika verzeichnet, wo zwischen 1950 (55 % bzw. 43 %) und 1971 (95 % bzw. 79 %) beträchtliche Verbesserungen eintraten. Für die zwischen den in 10jährigen Abständen durchgeführten Volkszählungen ermittelten Bevölkerungszahlen bestehen allerdings große Unsicherheiten, sofern überhaupt genaue Fortschreibungen erfolgten. Die Fortschreibungen betreffen im Idealfall nicht nur den natürlichen Zuwachs und Abgang, sondern auch eventuelle Wanderungsbewegungen von Land zu Land.

Zur Erfassung der Gesundheits- und Krankheitsdaten wurde eine erste Orientierung über den Standard der Einrichtungen des Gesundheitswesens für die Gesamtbevölkerung der Erde angestrebt. Der prozentuale Teil derjenigen Bevölkerungen, nach Kontinenten zusammengefaßt, wurde ermittelt, von denen eine vollständige (d. h. mehr als 90 %ige) Erfassung der Lebendgeburten bzw. der

Anzahl der Todesfälle dokumentiert ist. Der prozentuale Anteil der Gesamtbevölkerung der Erde mit vollständiger Erfassung der Lebendgeburten betrug 1950 erst 30,1 %, 1971 dagegen immer noch 30,5 %. Ähnlich liegen die Verhältnisse bei der Registrierung der Todesfälle, die 1950 erst bei 28,3 % der Gesamtbevölkerung, 1971 bei 33,5 % erfolgte. In Asien soll die Tendenz sogar rückläufig sein, und in Afrika und Südamerika lag die vollständige Erfassung der Lebendgeburten und der Sterbefälle 1971 immer noch unter 20 %. Eine Todesursachenstatistik bestand 1950 erst für 22,3 % der Weltbevölkerung, 1971 dann für 30,6 %. Deutliche Fortschritte in dieser Hinsicht wurden mit einem Anstieg von 58,6 % auf 94,5 % in Europa verzeichnet. Es läßt sich also sagen, daß hinsichtlich der Bevölkerungszählung zwar wesentliche, hinsichtlich der Gesundheitsstatistik (ausgenommen Europa) aber nur bescheidene Fortschritte erzielt wurden.

3. *Zur Validität der Mortalitätsstatistik*

The death rate is a fact, everything beyond this is an inference.
(*W. Farr*, 1974)

Einen grob orientierenden Hinweis auf die Verläßlichkeit (Validität) der Daten eines bestimmten Landes soll der Prozentsatz an unbekannten Todesursachen (oder der Angabe der Altersschwäche) an der Gesamtmortalität geben. Bei einem diesbezüglichen Vergleich stellt sich heraus, daß die Bundesrepublik Deutschland an 8. Stelle in der Reihenfolge der Länder liegt, die Altersschwäche und ungenaue Angaben zur Todesursache bei einem großen Teil der Todesfälle aufweisen. In dieser Rangliste liegen Jugoslawien, Portugal, Frankreich, Polen und Belgien noch vor der Bundesrepublik. Die skandinavischen Länder und England haben die wenigsten unpräzisen Angaben in den Jahren 1955–1974 aufgewiesen. Diese Frage ist von besonderer Bedeutung bei der Bewertung von Todesursachenstatistiken für die Forschung wie z. B. für die Krebsforschung. Für die spezielleren Erfordernisse der Krebsstatistik liegen seit 1975 von 27 % der Weltbevölkerung Daten vor, dabei für Nordamerika von 99 %, für Europa ohne UdSSR von 93 % und für Afrika und Südasien nur 10 und 7 %. Hier handelt es sich wohlgemerkt nur um die Sterblichkeit, wobei ja nicht zum Tode führende Krankheitsverläufe dann nicht erfaßt werden, wozu bekanntlich Krebsregister erforderlich wären. Erkrankt eine Person mehrere Male an Krebs,

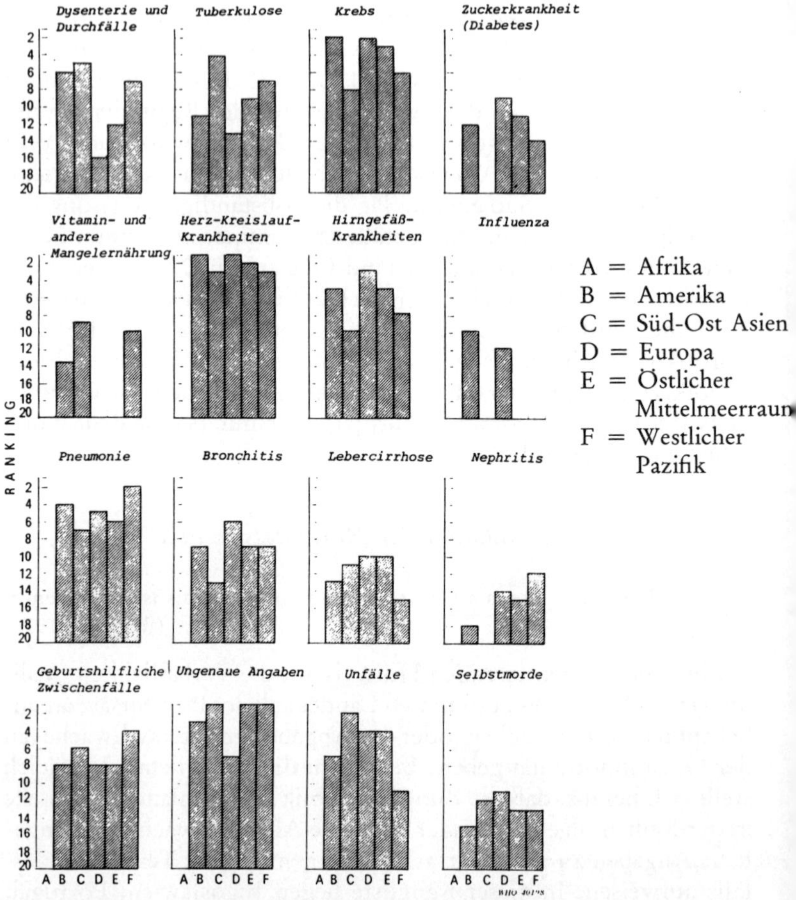

Abb. 9: Sechzehn Haupttodesursachen und wie sie in den WHO-Regionen rangieren (1971/1972).

so wird natürlich nur die letzte Art der bösartigen Neuerkrankungen erfaßt, die zum Tode und damit zur Erfassung in der Statistik führte.

Die jährlichen Publikationen der WHO dienen dem Zweck, ständige Vergleiche der Neuerkrankungen an den für die Bevölkerung wichtigsten Krankheiten mit dem Zweck der Überwachung von Veränderungen durchzuführen. So wird für die sechs großen Regionen der Erde, die auf Grund bestimmter Kriterien zusammengestellt wurden, ein Vergleich der Häufigkeiten bestimmter Todesursachen aus der Abbildung deutlich (Abbildung 9).

In den gleichen Regionen werden bestimmte Krankheiten mittels Meldungen erfaßt; der Morbiditätsvergleich geht aus Abb. 10 hervor. Dieser recht grobe Vergleich ergibt bereits einige interessante Informationen.

So zeigt sich, daß bestimmte Todesursachen in einzelnen Regionen besonders häufig sind, wie z. B. bei den Infektionskrankheiten ein starkes Gewicht in den Regionen Südostasien, Mittelmeer und Afrika zu erkennen ist. Das gleiche zeigt sich für Tuberkulose, während andere Krankheiten, sog. typische Zivilisationskrankheiten, eine höhere Rangstellung in den Gebieten Amerikas und Europas zeigen. Gleichzeitig mit diesem Vergleich ergeben sich auch Hinweise darauf, daß die Dokumentation nicht immer den Anforderungen eines Vergleichs zu entsprechen scheint.

So zeigt sich in Abb. 9, daß aus Afrika keine Angaben zur Mortalität vorliegen, obwohl dort Morbidität an den gezeigten Krankheiten sehr wahrscheinlich mit am höchsten rangiert. So muß man auch die Angaben der anderen Regionen mit entsprechender Vorsicht betrachten, selbst wenn diese Art des Vergleichs doch gewisse Rückschlüsse zulassen dürfte (z. B. für die Bedeutung der sog. Volkskrankheiten wie Krebs, Diabetes u. a., s. Kapitel XII. 4 „Epidemiologie des Diabetes“ und XII. 5 „Krebsepidemiologie“).

Ein Vergleich der unnatürlichen Todesursachen wie Unfälle oder Selbstmorde zeigt eine verhältnismäßig starke Ähnlichkeit in allen verglichenen Gebieten. Der Vergleich zwischen Mortalität und Morbidität an Hand der weltweit zusammengestellten Daten der WHO (Abb. 10) zeigt also, daß die Mortalitätsdaten gegenwärtig noch weitaus besser dokumentiert und verwertbar sind. Am Beispiel der Untererfassung für Krebs zeigt sich jedoch, daß die Aussagekraft selbst von validen Statistiken begrenzt bleibt, solange sie nicht durch Krankheitsregister ergänzt werden.

4. Die Todesbescheinigung – Instrument der Todesursachenstatistik

Todesbescheinigungen waren ursprünglich ein legales Instrument, d. h., sie dienten dem urkundlichen Nachweis einer natürlichen Todesursache – und, wenn diese nicht vorlag, zur Einleitung des erforderlichen Untersuchungsvorgangs für die Aufklärung einer nichtnatürlichen Todesursache oder Todesart. Ein weiterer Zweck ist auch heute noch der administrative Vorgang der Bearbei-

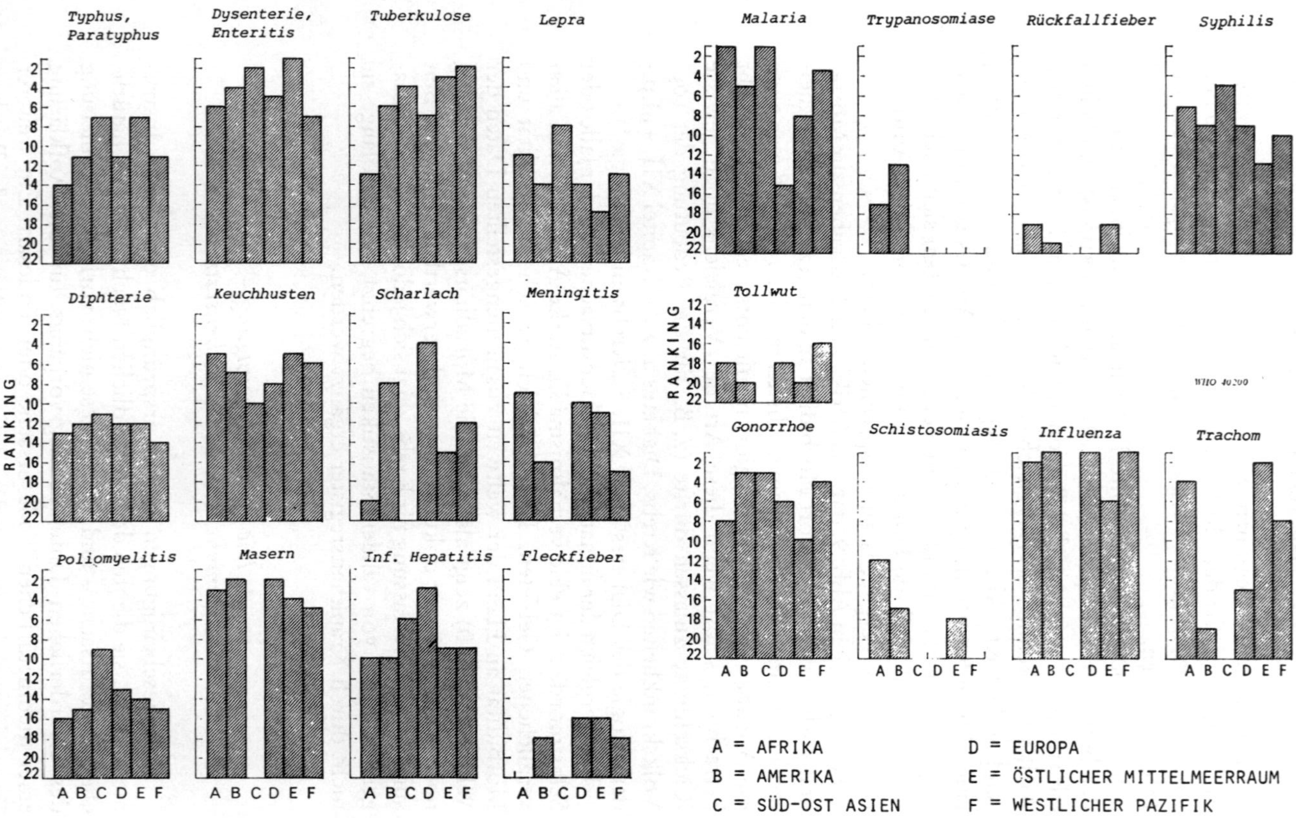

Abb. 10: Einundzwanzig Krankheiten und deren Rangfolge in den WHO-Regionen (1971/1972).

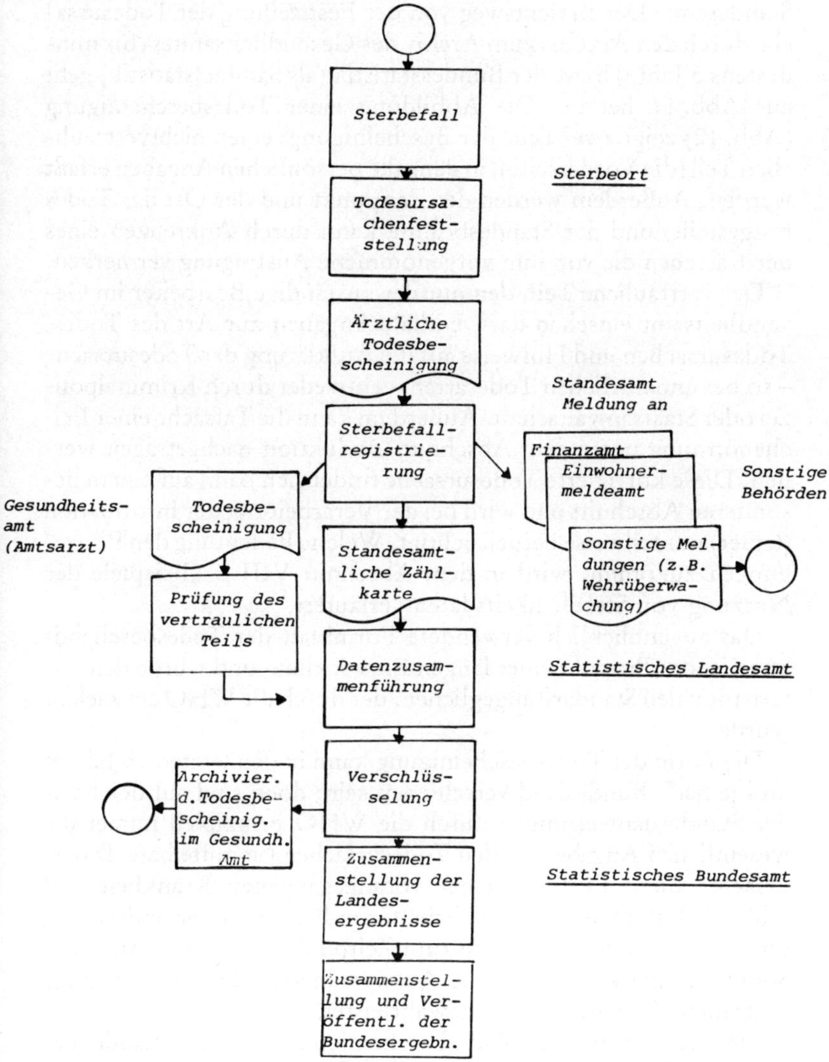

Abb. 11: Vom Standesamt bis in die anonyme Bundesstatistik. Berichtswege der Todesursachenstatistik in der Bundesrepublik Deutschland (Fassl, 1982).

tung von Todesfällen und der „Austragung" eines Lebens auf dem Standesamt. Der Berichtsweg von der Feststellung der Todesursache durch den Arzt bis zum Archiv des Gesundheitsamtes (für mindestens 5 Jahre) bzw. der Bundesstatistik (als Sammelstatistik) geht aus Abb. 11 hervor. Die Abbildung einer Todesbescheinigung (Abb. 12) zeigt zwei Teile der Bescheinigung: einen nichtvertraulichen Teil (die Vorderseite), in dem alle persönlichen Angaben erfaßt werden. Außerdem werden der Zeitpunkt und der Ort des Todes festgestellt, und der Standesbeamte kann durch Ankreuzen eines der Kästchen die von ihm vorgenommene Austragung vermerken.

Der vertrauliche Teil, den nur der zuständige Bearbeiter im Gesundheitsamt einsehen darf, enthält Angaben zur Art des Todes, Todesursachen und Hinweise auf die Aufklärung der Todesursache – so bei unnatürlichen Todesarten – entweder durch Kriminalpolizei oder Staatsanwaltschaft. Außerdem kann die Tatsache einer Leichenöffnung unter dem Abschnitt Obduktion nachgetragen werden. Diese korrigierte Todesursache findet sich dann auf einem besonderen Abschnitt und wird bei der Verarbeitung der Information (leider) nur teilweise berücksichtigt. Welche Bedeutung den Eintragungen zukommt, wird in dem Abschnitt VIII. 5 „Beispiele der Nutzung von Sterblichkeitsdaten" erläutert.

Das augenblicklich verwendete Formblatt der Todesbescheinigung ist das Produkt einer langen Entwicklung und wurde dem internationalen Standard angeglichen, der durch die WHO entwickelt wurde.

Die Form der Todesbescheinigung kann in den letzten 15 Jahren und je nach Bundesland verschieden sein; doch sind auf der Basis der Standardanweisungen durch die WHO prinzipiell immer die wesentlichen Angaben zu den Todesursachen (unmittelbare Todesursache, diese als Folge einer vorangegangenen Krankheit und schließlich das hierfür ursächliche Grundleiden) sowie andere wesentliche Krankheitszustände zum Zeitpunkt des Todes enthalten. Somit ist eine kontinuierliche Auswertung der Daten über lange Zeiträume (Trendanalysen) gewährleistet.

Ein Vergleich mit den Todesbescheinigungen anderer Länder ergibt allerdings, daß die deutschen Leichenschauscheine (Bezeichnung des vertraulichen Teils) bestimmte Angaben nicht enthalten, die für gewisse Routineauswertungen von Interesse sein könnten.

Ein Blick auf die Todesbescheinigung der USA (Standard Certificate of Death) (Abb. 13), wie sie vom Arzt ausgefüllt wird, zeigt, daß in den USA nicht nur der Ehestand des Verstorbenen, sondern auch seine gewöhnliche berufliche Beschäftigung und die Sparte des Arbeitgebers erfaßt werden. Mit diesen Angaben sind eine Reihe deskriptiv-epidemiologischer Auswertungen mit oft weitreichenden Hinweisen auf berufliche Risikobereiche möglich geworden (Frentzel-Beyme et al., 1980, Monson, 1982).

5. Beispiele der Nutzung von Sterblichkeitsdaten

Mit Methoden der deskriptiven Epidemiologie können eine Reihe von Auswertungen der vorhandenen und über lange Jahre gesammelten Informationen über die Sterblichkeit durchgeführt werden.

Die Sterblichkeit kann nach der Zeitachse und hier nach Kalenderjahren oder nach Altersgruppen ausgewertet, aber auch nach dem Ort des Auftretens der einzelnen Sterbefälle betrachtet werden, und dies wiederum gegliedert nach regionalen oder nationalen und natürlich auch internationalen Gesichtspunkten.

Jeder Vergleich erfordert eine Standardisierung. Da regionale Vergleiche mit absoluten Fallzahlen nicht möglich sind, weil die zugrundeliegenden Bevölkerungen unterschiedlich groß sein können, werden in der Epidemiologie immer Raten gebildet. Die Wahl der Bezugsgröße 100000 unter Risiko stehender Einwohner resultiert aus den gewöhnlich sehr kleinen Fallzahlen, die als Prozentzahlen ausgedrückt auch entsprechend sehr kleine Raten ergeben würden. Aber auch die sogenannten rohen Mortalitätsraten sind nicht ohne weiteres vergleichbar. In einer Bevölkerung, die mehr alte Menschen umfaßt als eine andere zum Vergleich gewählte Bevölkerung, werden natürlicherweise mehr Todesfälle eintreten als in vergleichsweise jungen Bevölkerungen, was auch bei Bildung von Raten zu höheren Werten führen muß. Mittels Standardisierung kann dieser Effekt beseitigt werden, indem die Todesfälle nach Alter bei Tod in die entsprechenden Altersgruppen eingeteilt werden, für die auch die jeweiligen Bevölkerungszahlen vorliegen (meistens 5-Jahres-Altersgruppen). Die damit erhaltenen sog. altersspezifischen Mortalitätsraten sind dann direkt vergleichbar. Man müßte bei 15–20 Altersgruppen (0–100 Jahre) nun ebenso viele Vergleiche durchführen, weshalb eine gemeinsame Summenzahl erwünscht ist. Mit Hilfe dreier verschiedener Verfahren kann man zu einer altersunabhängigen Gesamtaussage über die Mortalität gelangen. Das eine Verfahren bezieht die jeweiligen altersspezifischen Raten der zu vergleichenden Bevölkerung auf eine Standardbevölkerung, die nach bestimmten Kriterien ausgewählt wird. Dabei wird jeweils die Mortalität berechnet, die in dieser Standardbevölkerung vorherrschen würde, wenn die altersspezifische Mortalität der einzelnen verglichenen Bevölkerungen gelten würde. Im Prinzip handelt es sich um eine Wichtung des Mittelwertes über die altersspezifischen Raten.

Die verschiedenen für diese Wichtung verfügbaren Möglichkeiten unter Benutzung von international anerkannten Standardbevölkerungen gehen aus der einschlägigen Literatur hervor (Pflanz).

Ebenso kann man eine altersbereinigte Berechnung der im Laufe des Lebens zu beobachtenden Sterberisiken bezüglich einer bestimmten Krankheit erstellen, die sogenannte kumulative Mortalitätsrate. Sie ist zwar ein Schätzwert, gibt jedoch die Wahrscheinlichkeit in Prozent an, im Laufe eines 75jährigen Lebens an einer Krankheit zu sterben (vorausgesetzt, daß man nicht an einer anderen Krankheit gestorben ist). Dieses Verfahren hat sich bei internationalen Vergleichen von Krebsinzidenz und -mortalität bewährt; seine Berechnungsgrundlage wurde an anderer Stelle dargestellt (Becker et al., 1984).

Der Vergleich der Sterblichkeitsraten ergibt oft wesentliche Hinweise auf mögliche Krankheitsursachen.

Ein Beispiel für eine solche Nutzung von zeitlichen und regionalen Daten für die schnelle Entdeckung einer Krankheits- oder Todesursache ist die Untersuchung der Asthmasterblichkeit in England in den Jahren 1960–70.

Asthmamortalität

Die Verwendung von Mortalitätsdaten zur Untersuchung bestimmter Hypothesen, die aus Einzelbeobachtungen und der täglichen Praxis von Ärzten abgeleitet wurden, läßt sich am Beispiel des Anstiegs und des späteren Abfalls von Sterbeziffern an Asthma in England in den 60er Jahren demonstrieren. Von 1964–1967 häuften sich Berichte über jugendliche Todesfälle an Asthma, wobei von einzelnen Ärzten beobachtet worden war, daß diese Todesfälle mit dem vermehrten Gebrauch von Asthma-Sprays zu korrelieren waren. Diese Sprays enthielten Medikamente in hoher Konzentration, mit denen ein Asthmaanfall gewöhnlich kurzfristig kupiert werden kann (Adrenalin oder Noradrenalin). Diese Sprays hatten zwar eine hohe Effektivität bei der Behebung eines Asthmaanfalls, was auf die schnelle Resorption des hochkonzentrierten Medikaments zurück-

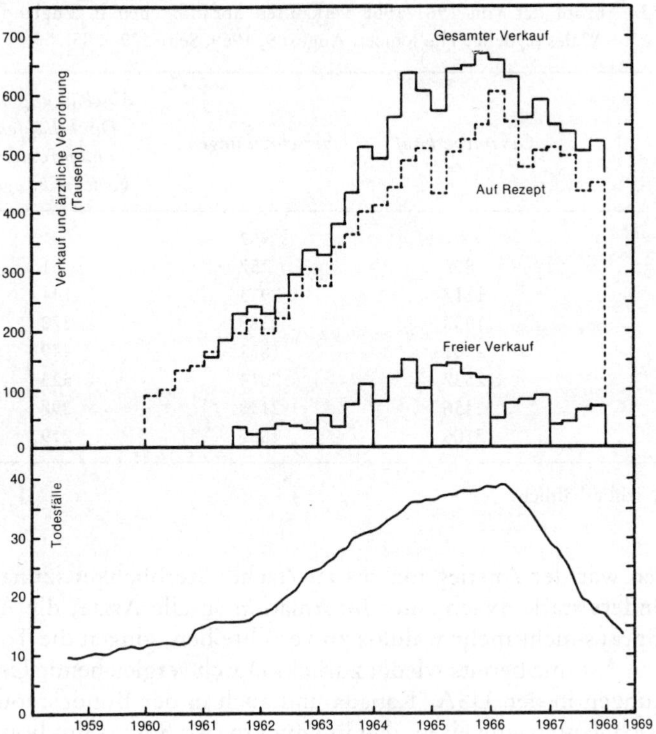

Abb. 12: Verkauf von „Asthmasprays" und Vergleich mit Todesfällen an Asthma in der Altersgruppe 5–34 in England und Wales, 1959–1968 (Quelle: The Lancet, August 9, 1969 S. 279–285).

zuführen war. Dennoch wurde diese Darreichungsform in vielen Ländern nicht zugelassen, so auch in der Bundesrepublik. Aus dieser Tatsache ergab sich der glückliche Umstand, daß in einem Land wie in einem Experiment eine Exposition stattfinden konnte, während in anderen Ländern (USA, Bundesrepublik) eine Form der Kontrolle ohne diese Exposition vorzuliegen schien. Zwei Epidemiologen der Behörde für die Sicherheit von Heilmitteln (Inman und Adelstein) begannen in England, den Berichten von Todesfällen nach der Benutzung von Sprays nachzugehen und die Sterblichkeitstrends an Asthma von 1958–1968 zu untersuchen. In der Zeit von 1961–1966 hatte nicht nur die Zahl der Todesfälle an Asthma stark zugenommen, sondern auch die Zahl der verkauften Asthma-Sprays (Abb.12, Tabelle 3). Bei Kindern zwischen 10 und 14

Tab. 3: Anzahl der von 1961–1968 verkauften Sprühflaschen in England und Wales (Quelle: The Lancet, August 9, 1969, Seite 279–285).

Jahr	*Gesamtverkauf*	*Verschreibungen*	*Abschätzung von Direktkäufen und privaten Verschreibungen*
1961	*	462	–
1962	808	757	51
1963	1117	973	144
1964	1658	1388	270
1965	2301	1852	449
1966	2537	2014	523
1967	2436	2138	298
1968	2106	1887	219

* Nicht erhältlich.

Jahren war der Anstieg mit bis zu 7facher Sterblichkeitszunahme besonders stark. Nach einer Information an alle Ärzte, die Asthma-Sprays nicht mehr wahllos zu verschreiben, gingen die Todesfälle an Asthma bereits wieder zurück. Durch vergleichende Untersuchungen in den USA, Kanada und auch in der Bundesrepublik ließ sich dann nachweisen, daß in Ländern, wo Sprays mit höheren Konzentrationen nicht zugelassen waren, entsprechend auch keine Epidemie an Asthmatodesfällen zu finden war (Stolley, 1972). An diesem Beispiel zeigt sich, daß eine aufmerksame Untersuchung der Sterblichkeitstrends schon dazu führen kann, die Einzelbeobachtungen von Ärzten an einem großen Datenmaterial zu überprüfen und mit statistischer Sicherheit zu bestätigen.

Fehlerquellen und deren Auswirkungen

Das Problem der möglichen Fehler bei der unbesehenen Benutzung solcher in jedem Land unter oft verschiedenen Bedingungen zustande gekommenen Daten für Vergleiche und weitreichende Schlußfolgerungen ergibt sich am Beispiel der Säuglingssterblichkeit. Dabei wurde vor einiger Zeit sogar davon geredet, daß sich solche Vergleiche als politische Waffe mißbrauchen lassen (Fassl, 1976), und auch internationale Vergleiche der Krebssterblichkeit werden sehr gern zum Nachweis der Bedrohung des Menschen durch neue krebserzeugende Substanzen in der Umwelt oder zur vehementen Ablehnung solcher Zusammenhänge benutzt. Dabei kann man solche Daten, je nach ihrem Ursprung und der Art ihrer Aufbereitung, in fast jeder beliebigen Richtung darstellen und interpretieren, wie sich an den Beispielen zeigen läßt.

Die Nutzung der Sterblichkeitsziffern für politische Zwecke wurde 1974 deutlich, als eine Arbeitsgemeinschaft unabhängiger Ärzte das Gesundheitswesen der Bundesrepublik kritisierte und an Hand eines internationalen Vergleichs der Sterbestatistiken behauptete, daß die Bevölkerung in Deutschland im Krankheitsfall schwächer versorgt sei, als es dem Entwicklungsstand der medizinischen Wissenschaft entspräche. Solche und ähnliche Behauptungen, wie z. B. auch, daß die Krebssterblichkeit in Deutschland besonders hoch sei, lassen sich bei einem direkten Vergleich von Statistiken ziemlich schnell erreichen, wobei oft die Basis für den Vergleich fehlt. Fassl hat am Beispiel der Müttersterblichkeit und Säuglingssterblichkeit den Hintergrund von oft deutlichen Unterschieden der Raten untersucht und stellt fest, daß es unzulässig ist, Vergleiche von Unterschieden zwischen den Krankheits- und Todesursachenstatistiken verschiedener Länder durchzuführen, ohne die notwendigen Voraussetzungen dafür zu schaffen oder zu überprüfen. Damit sei es auch unzulässig, auffindbare Unterschiede auf die Organisation der ärztlichen Versorgung zurückzuführen. Vergleichbar werden statistische Informationen erst, wenn sie beobachtungsgleich sind, d. h. wenn sie auf repräsentativen Stichproben aus der Bevölkerung fußen oder sicher die gesamte Inzidenz erfassen. Die letztere Voraussetzung ist in vielen Ländern nicht gegeben, wo aufgrund der herrschenden Bedingungen gar nicht lückenlos dokumentiert werden kann. Das trifft bei der Säuglingssterblichkeit besonders für Entwicklungsländer zu (wo sich der paradoxe Effekt ergeben kann, daß die Säuglingssterblichkeit in dem Grade reduziert wird, wie eine Untererfassung durch weniger perfekte Systeme stattfindet).

Nur durch intensive Hintergrundforschung kann man zur ungefähren Abschätzung der Größenordnung und vor allem der Tendenz systematischer Fehler gelangen. Quellen systematischer Fehler in den Gesundheitsstatistiken können Uneinheitlichkeit der Definitionen, differente statistische Ansätze, unterschiedliche Bezugsgrößen, Unterschiede in der Datenerfassung und unterschiedliche Zielsetzungen sein. Da die Arbeitsgemeinschaft behauptet hatte, daß die Müttersterblichkeit in der Bundesrepublik mit 50 Frauen pro 100000 Lebendgeburten höher sei als in Schweden (21), Frankreich (29), England (34) und USA (37), wurde der Hintergrund dieses Befundes untersucht. Das Todesursachenmuster, d. h. die Verteilung der Müttersterbefälle auf die einzelnen Todesursachen, ergab innerhalb der einzelnen Länder in den vergangenen 20 Jahren keine wesentliche Veränderung. Unterschiede zwischen den einzelnen Ländern waren allerdings deutlich. Das häufigere Vorkommen von Schwangerschaftstoxikosen (die gefürchtete Komplikation einer Spätschwangerschaft) und Embolien in der Bundesrepublik ließ sich nicht vergleichen, da ähnlich tief gegliederte Statistiken aus den anderen Ländern nicht vorliegen.

Dagegen fanden sich systematische, verzerrende Einflüsse, die eine internationale Vergleichbarkeit beeinträchtigen. Werden z. B. in einem Land nur die direkt schwangerschaftsbezogenen Todesfälle als Müttersterbefälle ausgewiesen, die indirekten (z. B. Lungentuberkulose, Verkehrsunfall) dagegen der entsprechenden Grundkrankheit zugeordnet, so kann allein aus der formalen Anwendung der Zuordnungsvorschriften eine deutliche und nur durch Einzelfallanalyse aufdeckbare Verschiebung der Müttersterbeziffern resultieren. Dies gilt für Staaten, in denen nicht ausdrücklich nach dem Bestehen einer Schwangerschaft gefragt werden muß, wenn die Todesbescheinigung ausgefüllt wird. In der Bundesrepublik ist der Arzt verpflichtet, bei verstorbenen Frauen zu dokumentieren, ob in den letzten drei Monaten eine Schwangerschaft bestanden hatte, auch bei Selbstmorden, Unfällen, Infektionskrankheiten usw. Damit folgt die Bundesrepublik dem Prinzip des zeitlichen Zusammenhangs, wie er in der Todesbescheinigung abgefordert wird. In den USA oder Großbritannien wird diese zusätzliche Information nicht verlangt; hier wird die Schwangerschaft nur dann registriert, wenn nach Meinung des Arztes ein nachgewiesener ursächlicher Zusammenhang zwischen Schwangerschaft und Tod gesehen wird. Nur dann erfolgt die Verschlüsselung und die eigentliche Zuordnung des Falles in der Todesursachenstatistik. Da dieses Vorgehen etwas willkürlich zu sein scheint, wurde bei der Revision der internationalen Klassifikation der Krankheiten (ICD) folgende Definition des Müttersterbefalls aufgenommen:

Death of any woman dying of any cause while pregnant or within 42 days of termination of pregnancy, irrespective of the duration and the site of pregnancy (Tod jeder Frau, die an irgendeiner Ursache stirbt, während sie schwanger ist oder innerhalb 42 Tagen nach

Beendigung der Schwangerschaft stirbt, unabhängig davon, wie lange die Schwangerschaft bestand und wo sie lokalisiert war, z. B. Bauchhöhlenschwangerschaften). Die Bundesrepublik folgte damit bereits den inzwischen verbesserten Bestimmungen.

Der nächste mögliche Punkt der Ungleichheit war die Verschiedenheit der Bezugsgrößen, und auch hier werden oft unterschiedliche Nenner für die Raten verwendet. Da die Müttersterblichkeit auf die Zahl der lebendgeborenen Kinder bezogen wird und der Begriff lebendgeboren international nicht einheitlich gebraucht wird,[5] sind die Bezugsgrößen von Land zu Land nicht mehr strukturgleich. In Deutschland schien sich dazu noch ausgewirkt zu haben, daß der Anteil der Geburten von Ausländerinnen mit 8 % der Lebendgeburten im Jahr 1970 besonders hoch war. Wie weit sich dadurch auch Verschiebungen und Auswirkungen ergaben, war allerdings noch nicht feststellbar. Besonders eindrucksvoll ist die Erforschung der Gründe für die von der Arbeitsgemeinschaft unabhängiger Ärzte dargelegte hohe Säuglingssterblichkeit in der Bundesrepublik mit 23,2 gestorbenen Kindern auf 1000 Lebendgeborene. Bei nur 11,1 in Schweden, 12,1 in den Niederlanden, 12,4 in Japan und 13,3 in Frankreich, in der Schweiz mit 15,1, England und DDR mit 18 und den USA mit 19,2 lagen fast alle Industrieländer noch beträchtlich unter dem Wert der Bundesrepublik.

Fassl hat auch hier mit der Untersuchung des statistischen Quellenmaterials die Ursachen für diese Unterschiede ausfindig zu machen versucht. Hier ließ sich besonders stark der Einfluß von Definitionsunterschieden erkennen. Zuordnungsschwierigkeiten entstanden allein dadurch, daß bei Neugeborenen nicht – wie bei Erwachsenen – grundsätzlich jeder Sterbefall registriert werden muß. Entscheidend für die gesamte Statistik ist das mehr oder weniger subjektive Urteil des die Todesbescheinigung ausstellenden Arztes zur Frage:

[5] Beispiele aus dem internationalen Definitionskatalog: Ein mindestens 35 cm langer Säugling mit Herzschlag oder natürlicher Lungenatmung bei einem Gewicht von 800 g und einer Lebensdauer von 5 Minuten erscheint in der amtlichen Statistik der Bundesrepublik als perinataler Sterbefall, wogegen in der Schweiz und Österreich das Kriterium 30 cm ausreicht. Die USA, Japan, Kanada, Dänemark, Schweden und die Niederlande legen der Erfassung einen Zeitraum von 28 Wochen zugrunde. Staaten wie Jugoslawien, Polen, Bulgarien, Australien und die CSSR weisen keine genauen Kriterien aus.

1. Handelt es sich um eine Lebend- oder Totgeburt?
2. Wenn es eine Totgeburt ist, handelt es sich um ein unreifes oder ein reifes – also lebensfähiges und damit meldepflichtiges Kind?

Da trotz aller Bemühungen noch keine internationale Standardisierung dieser Begriffe bestand, ließen sich durchaus unterschiedliche Zuordnungen in den einzelnen Ländern erkennen. In der Bundesrepublik wurde bis 1957 als Lebenskriterium das Auftreten der Lungenatmung gewertet. Gemäß § 29 der Verordnung zur Ausführung des Personenstandsgesetzes liegt eine Lebendgeburt vor, wenn bei einem Kinde nach der Scheidung vom Mutterleib entweder das Herz geschlagen oder die Nabelschnur pulsiert oder die natürliche Lungenatmung eingesetzt hat. Hat sich keines der genannten Merkmale des Lebens gezeigt, ist das Kind jedoch mindestens 35 cm lang, so gilt es im Sinne des § 24 der Verordnung als ein totgeborenes oder in der Geburt verstorbenes Kind. Hat sich keines der genannten Merkmale des Lebens gezeigt und ist das Kind weniger als 35 cm lang, wird es als Fehlgeburt betrachtet und in den Personenstandsbüchern nicht beurkundet. Diese Regelung gilt unabhängig von der Schwangerschaftsdauer. Als Gewichtsgrenze für eine unreife Frühgeburt wird in der Bundesrepublik bis unter 2500 g gesetzt, also nicht einschließlich 2500 g (in der DDR dagegen 2500 g einschließlich). Anhand von Daten aus Berlin konnte nachgewiesen werden, daß allein durch die Festsetzung dieser Gewichtsgrenze Unterschiede bis zu einer Höhe von 0,8 auf 1000 Lebendgeborene entstehen können, was bei dem hohen Anteil der unreifen Neugeborenen an der Sterblichkeit der ersten 24 Stunden durchaus begreiflich ist.

Das Gesamtniveau der Säuglingssterblichkeit wird jedoch entscheidend durch die sog. Frühsterblichkeit in der ersten Lebenswoche beeinflußt. Da das Untergewicht als ein Symptom allgemeiner Lebensschwäche gilt und 1972 mindestens 11 % aller gestorbenen Säuglinge weniger als 35 cm maßen und 2500 g wogen, zeigt sich hier, wie wichtig die Definition der Lebenszeichen und die Zuordnung dieser Kinder ist. Wie bereits vorher schon gesagt, hat die z. Z. übliche Einbeziehung aller Entwicklungsstadien in die Summe der Lebendgeburten und der Totgeburten mit einer Tragezeit von 28 Wochen und mehr die paradoxe Situation ergeben, daß in Ländern mit guter geburtshilflicher Versorgung und den Bemühungen, alle erforderlichen Messungen exakt durchzuführen, eine höhere Säuglingssterblichkeit zu verzeichnen ist als in weniger gut entwikkelten Ländern, wo nichtlebensfähige Föten mit flüchtigen Lebenszeichen gar nicht registriert werden. Wird Lebendgeburt noch dazu so streng definiert wie z. B. in der DDR, wo Lungenatmung *und* Herzschlag bestehen müssen, so wird hierdurch die Zahl der nachträglich verstorbenen Lebendgeborenen deutlich reduziert. Die Entscheidung, ob ein Kind als lebend oder tot zu beurteilen ist, kann auch durch äußere Umstände beeinflußt werden, obwohl sie ja weitgehend vom behandelnden Arzt abhängt. So hat man schon immer niedrigere Totgeburtenraten in katholischen Gebieten beobachtet, was vermutlich damit zusammenhängt, daß in jedem Falle nach der Geburt noch eine Taufe zu erfolgen hat.

Zusammengefaßt hat sich daher ergeben, daß die aufgestellte Behauptung einer schlechteren Versorgung der Bevölkerung in der BRD nach dem internationalen Vergleich nicht haltbar ist, solange die Vergleichsbasis nicht den Anforderungen entspricht. Weitreichende und einseitige Schlüsse aus amtlichen Statistiken zu ziehen, ohne systematische Fehler oder Strukturunterschiede der Bezugsgrößen zu berücksichtigen, ist nicht statthaft und entspricht vor allen Dingen nicht wissenschaftlichen Gepflogenheiten.

Außerdem läßt sich aus diesen Beispielen wiederum ableiten, daß die deskriptive Epidemiologie ihre Grenzen hat, wenn sie auf Daten unterschiedlicher Provenienz angewiesen ist und noch dazu mit Daten operiert, die oft zu anderen Zwecken erhoben wurden. Wichtig ist, für eine fundierte Aussage die erforderlichen Angaben vorher zu definieren und für deren Erhebung im Rahmen der speziellen Untersuchung zu sorgen. Dieses Vorgehen wird schließlich bei jedem wissenschaftlichen Experiment als Minimalforderung verlangt. Daher gelten viele der nun folgenden Betrachtungen den epidemiologischen Methoden und Grundlagen der empirischen Feldforschung.

Todesbescheinigung (auch für Totgeborene)

Familienname (bei Frauen auch Mädchenname) — Vorname

Geburtsdatum (nicht bei Totgeburten) — Geschlecht *) männl. ☐ weibl. ☐

Geburtsort (Gemeinde und Kreis)

Wohnort (Gemeinde und Kreis), Straße und Hausnummer

Ort des Todes/der Totgeburt (Gemeinde und Kreis, Straße und Nr., ggf. Name des Krankenhauses)

Zeitpunkt des Todes/der Totgeburt (Tag, Monat, Jahr) — Uhrzeit ______ Uhr

Natürlicher Tod: ja ☐ nein/nicht aufgeklärt ☐

Es besteht Ansteckungsgefahr: ja ☐ nein ☐

Gesundheitliche Bedenken gegen eine Überführung: ja ☐ nein ☐

Der Arzt

....
(Ort, Datum)

....
(Name und Anschrift) - deutlich schreiben oder Stempel - (Unterschrift)

Der Sterbefall wurde in das *)

☐ Sterbebuch

☐ Verzeichnis der angezeigten aber noch nicht beurkundeten Sterbefälle

eingetragen unter der Nummer: ....

Der Standesbeamte

(Siegel) ....

Die Leiche kann auf Grund dieser Todesbescheinigung frühestens 48 Stunden nach dem oben angegebenen Todeszeitpunkt bestattet werden.

Die Bestattung bedarf der Genehmigung der Ortspolizeibehörde.

Die Todesbescheinigung wird benötigt für die Überführung des Verstorbenen in eine Leichenhalle oder zu einem Bestattungsplatz außerhalb des Sterbeortes und für seine Bestattung. Sie ist dem Standesamt vorzulegen und danach der Ortspolizeibehörde, welche die Bestattungsgenehmigung erteilt, zu übergeben. Für die Anmeldung des Sterbefalles möglichst Geburts- und Heiratsurkunde, Auszug aus dem Familienbuch (Familienstammbuch) sowie Personalausweis des Verstorbenen zum Standesamt mitbringen.

*) Zutreffendes bitte ankreuzen

R 145/0111 - Deutscher Gemeindeverlag GmbH - 9/74

Abb. 13: Eine deutsche Todesbescheinigung mit den getrennten Teilen für die Bundesstatistik (Bevölkerungsbewegung) und die Mortalitätsstatistik (Angaben des vertraulichen Teils zur Todesursache).

Leichenschauschein VERTRAULICHER TEIL

Familienname (bei Frauen auch Mädchenname) Vorname

Geburtsdatum (nicht bei Totgeburten) Geschlecht *)

männl. ☐ weibl. ☐

Geburtsort (Gemeinde und Kreis)

Wohnort (Gemeinde und Kreis), Straße und Hausnummer

Ort des Todes/der Totgeburt (Gemeinde und Kreis, Straße und Nr., ggf. Name des Krankenhauses)

Zeitpunkt des Todes/der Totgeburt (Tag, Monat, Jahr) Uhrzeit

Uhr

Natürlicher Tod: ja ☐ nein/nicht aufgeklärt ☐

Es besteht Ansteckungsgefahr: ja ☐ nein ☐

Todesursache

A. Klinisch

(Bitte den Krankheitsablauf in der richtigen Kausalkette angeben, mit dem Grundleiden an letzter Stelle)

Zeitdauer zwischen Krankheit und Tod

1. Welche Krankheit oder Verletzung hat den Tod **unmittelbar** herbeigeführt? ¹) a) ……… ………

   als Folge von:

   Welche Krankheiten oder Verletzungen lagen der Angabe unter a) b) ……… ………

   als Folge von:

   unter b) c) ……… ………

   Grundleiden

   ursächlich zugrunde?

2. Welche **anderen** wesentlichen Krankheiten bestanden zur Zeit des Todes? ……… ………

3. Wird eine Sektion angestrebt? *) ja ☐

Zusatzangaben

A. Bei Unfall *) einschl. Vergiftung ☐ Freitod ☐ Tod durch strafbare Handlung ☐

oder sonstige Gewalteinwirkung ☐

1. Äußere Ursache der Schädigung (Nähere Angaben über den Hergang): ………

   ………

2. Unfallkategorie *)

   a) Arbeits- oder Dienstunfall ☐

   b) Schulunfall (ohne Wegeunfall) ☐

   c) Verkehrsunfall (einschl. Wegeunfall zu a und b) ☐

   d) Häuslicher Unfall ☐

   e) Sport- oder Spielunfall (außer bei schulischer Veranstaltung oder im Haus) ☐

   f) Sonstiger Unfall ……… (nähere Angaben) ……… ☐

B. Bei Kindern unter 1 Jahr und Totgeborenen:

1. Wo wurde das Kind geboren *)

   a) im Krankenhaus ☐ b) zu Hause ☐ c) oder wo sonst? ………

2. Gewicht ……… g und Länge ……… cm bei der Geburt.

3. Mehrlingsgeburt? ☐ ja ☐ nein

   Für Neugeborene die innerhalb der ersten 24 Stunden gestorben sind:

   Lebensdauer in Stunden: ………

C. Bei Frauen (im gebärfähigen Alter): Ist bekannt, ob die Verstorbene

1. schwanger war? ☐ ja …… Monat nein ☐

2. in den letzten 3 Monaten entbunden hat? ja ☐ ……… (Datum) nein ☐

¹) Hierunter fällt nicht die Art des Todeseintritts, z. B. Versagen des Herzens oder Kreislaufs, Atemlähmung, Verblutung, allgemeine Schwäche, sondern die Krankheit, Schädigung oder Komplikation, welche den Tod herbeigeführt hat. *) Zutreffendes bitte ankreuzen.

Sektionsschein

Hinweis: Der Sektionsschein ist nach Ausfüllen des Abschnittes B (Sektionsbefund) dem für den Sterbeort zuständigen Gesundheitsamt zu übersenden.

Familienname (bei Frauen auch Mädchenname) — Vorname

Geburtsdatum (nicht bei Totgeburten) — Geschlecht *) männl. ☐ weibl. ☐

Geburtsort (Gemeinde und Kreis)

Wohnort (Gemeinde und Kreis), Straße und Hausnummer

Ort des Todes/der Totgeburt (Gemeinde und Kreis, Straße und Nr., ggf. Name des Krankenhauses)

Zeitpunkt des Todes/der Totgeburt (Tag, Monat, Jahr) — Uhrzeit .... Uhr

Natürlicher Tod: ja ☐ nein/nicht aufgeklärt ☐

Es besteht Ansteckungsgefahr: ja ☐ nein ☐

Todesursache

A. Klinisch

(Bitte den Krankheitsablauf in der richtigen Kausalkette angeben, mit dem Grundleiden an letzter Stelle)

Zeitdauer zwischen Krankheit und Tod

1. Welche Krankheit oder Verletzung hat den Tod **unmittelbar** herbeigeführt? ¹)
   a) .... als Folge von:
   Welche Krankheiten oder Verletzungen lagen der Angabe unter a)
   b) .... als Folge von:
   unter b) **ursächlich** zugrunde?
   c) .... Grundleiden
2. Welche **anderen** wesentlichen Krankheiten bestanden zur Zeit des Todes? ....
3. Wird eine Sektion angestrebt? *) ja ☐

B. Sektionsbefund

(Bitte den Krankheitsablauf in der richtigen Kausalkette angeben, mit dem Grundleiden an letzter Stelle)

Zeitdauer zwischen Krankheit und Tod

1. Welche Krankheit oder Verletzung hat den Tod **unmittelbar** herbeigeführt? ¹)
   a) .... als Folge von:
   Welche Krankheiten oder Verletzungen lagen der Angabe unter a)
   b) .... als Folge von:
   unter b) **ursächlich** zugrunde?
   c) .... Grundleiden
2. Welche **anderen** wesentlichen Krankheiten bestanden zur Zeit des Todes? ....
3. Durch den Sektionsbefund wird die klinische Todesursache *)
   a) im wesentlichen bestätigt ☐
   b) nicht bestätigt ☐

.... (Ort, Datum) — **Der Obduzent**

966/74

.... (Name und Anschrift) - deutlich schreiben oder Stempel - — (Unterschrift)

¹) Hierunter fällt nicht die Art des Todeseintritts, z. B. Versagen des Herzens oder des Kreislaufs, Atemlähmung, Verblutung, allgemeine Schwäche, sondern die Krankheit, Schädigung oder Komplikation, welche den Tod herbeigeführt hat. *) Zutreffendes bitte ankreuzen.

HINWEISE FÜR DEN ARZT

zur Ausfüllung des Abschnittes „Unfall, Vergiftung und Gewalteinwirkung einschl. Selbstmord"

Die Kategorisierung der Unfälle stellt den Arzt beim Ausfüllen der Todesbescheinigung vor Zuordnungsprobleme, die durch die beigegebenen Erläuterungen in groben Umrissen gelöst werden. Eine Schwierigkeit dürfte nach wie vor darin bestehen, daß beispielsweise der hauswirtschaftliche Unfall einer Hausangestellten anders zu behandeln ist (Arbeitsunfall) als der gleiche Unfall der Hausfrau (häuslicher Unfall). Die nachfolgende Kategorisierung von Unfällen soll den Arzt in die Lage versetzen, die für statistische Zwecke notwendige einheitliche Zuordnung vorzunehmen.

1. Arbeits- oder Dienstunfall

Unfall eines Erwerbstätigen in Ausübung seiner Erwerbstätigkeit.

Nicht:

Unfall auf dem Weg zur Arbeit unter Beteiligung eines Transportmittels
(= Verkehrsunfall)

Unfall auf dem Weg zur Arbeit ohne Beteiligung eines Transportmittels
(= sonstiger Unfall)

2. Schulunfall

Unfall von Kindern und Jugendlichen im Kindergarten und in der Schule, Hochschule, auf dem Schulgelände, auch bei einer schulischen Veranstaltung außerhalb des Schulgeländes.

Nicht:

Unfall auf dem Schulweg
(= Verkehrsunfall)

Unfall bei außerschulischer Nutzung der Schule
(= sonstiger Unfall)

3. Verkehrsunfall

Unfall im öffentlichen Verkehr, auch auf privaten Verkehrswegen (Straße, Schiene, Wasser, Luft).

Nicht:

Unfall in Ausübung der Arbeit
(= Arbeitsunfall)

4. Häuslicher Unfall

Unfall im häuslichen Bereich (Wohngebäude einschl. Zugang, Hoffläche, Hausgarten, Garage) bei hauswirtschaftlicher oder sonstiger Tätigkeit.

Nicht:

Arbeitsunfall im häuslichen Bereich
(= Arbeits- oder Dienstunfall),
jedoch Unfall der Hausfrau bei hauswirtschaftlicher Tätigkeit.

5. Sport-/Spielunfall

Unfall bei Sport und Spiel als Freizeitbeschäftigung, auch Hobbytätigkeit.

Nicht:

Unfall von Berufssportlern
(= Arbeitsunfall)

Sport-/Spielunfall im schulischen Bereich
(= Schulunfall)

Sport-/Spielunfall im häuslichen Bereich
(= häuslicher Unfall)

6. Sonstiger Unfall

FORM APPROVED
BUDGET BUREAU NO. 68–R1901

U.S. GOVERNMENT PRINTING OFFICE : 1967 OF—241-661

(PHYSICIAN)

U.S. STANDARD

CERTIFICATE OF DEATH

TYPE, OR PRINT IN **PERMANENT INK** SEE HANDBOOK FOR INSTRUCTIONS

LOCAL FILE NUMBER

STATE FILE NUMBER

DECEASED

1. DECEASED—*NAME* FIRST MIDDLE LAST
2. SEX
3. DATE OF DEATH (MONTH, DAY, YEAR)
4. RACE WHITE, NEGRO, AMERICAN INDIAN, ETC. (SPECIFY)
5a. AGE—LAST BIRTHDAY (YEARS)
5b. UNDER 1 YEAR: MOS. DAYS
5c. UNDER 1 DAY: HOURS MIN.
6. DATE OF BIRTH (MONTH, DAY, YEAR)
7a. COUNTY OF DEATH
7b. CITY, TOWN, OR LOCATION OF DEATH
7c. INSIDE CITY LIMITS (SPECIFY YES OR NO)
7d. HOSPITAL OR OTHER INSTITUTION—*NAME* (IF NOT IN EITHER, GIVE STREET AND NUMBER)
8. STATE OF BIRTH (IF NOT IN U.S.A., NAME COUNTRY)
9. CITIZEN OF WHAT COUNTRY
10. MARRIED, NEVER MARRIED, WIDOWED, DIVORCED (SPECIFY)
11. SURVIVING SPOUSE (IF WIFE, GIVE MAIDEN NAME)
12. SOCIAL SECURITY NUMBER
13a. USUAL OCCUPATION (GIVE KIND OF WORK DONE DURING MOST OF WORKING LIFE, EVEN IF RETIRED)
13b. KIND OF BUSINESS OR INDUSTRY

USUAL RESIDENCE WHERE DECEASED LIVED. IF DEATH OCCURRED IN INSTITUTION, GIVE RESIDENCE BEFORE ADMISSION. →

14a. RESIDENCE—*STATE*
14b. COUNTY
14c. CITY, TOWN, OR LOCATION
14d. INSIDE CITY LIMITS (SPECIFY YES OR NO)
14e. STREET AND NUMBER

PARENTS

15. FATHER—*NAME* FIRST MIDDLE LAST
16. MOTHER—*MAIDEN NAME* FIRST MIDDLE LAST

17a. INFORMANT—*NAME*
17b. MAILING ADDRESS (STREET OR R.F.D. NO., CITY OR TOWN, STATE, ZIP)

CAUSE

18. PART I. DEATH WAS CAUSED BY: [*ENTER ONLY ONE CAUSE PER LINE FOR (a), (b), AND (c)*] — APPROXIMATE INTERVAL BETWEEN ONSET AND DEATH

IMMEDIATE CAUSE

(a)

DUE TO, OR AS A CONSEQUENCE OF:

CONDITIONS, IF ANY, WHICH GAVE RISE TO IMMEDIATE CAUSE (a), STATING THE UNDERLYING CAUSE LAST

(b)

DUE TO, OR AS A CONSEQUENCE OF:

(c)

19a | 19b

ACCIDENT (SPECIFY YES OR NO) 20a. | DATE OF INJURY (MONTH, DAY, YEAR) 20b. | HOUR 20c. M. | HOW INJURY OCCURRED (ENTER NATURE OF INJURY IN PART I OR PART II, ITEM 18) 20d.

INJURY AT WORK (SPECIFY YES OR NO) 20e. | PLACE OF INJURY AT HOME, FARM, STREET, FACTORY, OFFICE BLDG., ETC. (SPECIFY) 20f. | LOCATION (STREET OR R.F.D. NO., CITY OR TOWN, STATE) 20g.

CERTIFIER

CERTIFICATION — *PHYSICIAN:* I ATTENDED THE DECEASED FROM: MONTH DAY YEAR 21a. | TO MONTH DAY YEAR 21b. | AND LAST SAW HIM/HER ALIVE ON MONTH DAY YEAR 21c. | I DID/DID NOT VIEW THE BODY AFTER DEATH 21d. | DEATH OCCURED (HOUR) 21e. M. AT THE PLACE, ON THE DATE, AND, TO THE BEST OF MY KNOWLEDGE, DUE TO THE CAUSE(S) STATED.

PHYSICIAN — *NAME* (TYPE OR PRINT) 22a. | SIGNATURE DEGREE OR TITLE 22b. | DATE SIGNED (MONTH, DAY, YEAR) 22c.

MAILING ADDRESS — *PHYSICIAN* STREET OR R.F.D. NO. CITY OR TOWN STATE ZIP 23.

BURIAL

BURIAL, CREMATION, REMOVAL (SPECIFY) 24a. | CEMETERY OR CREMATORY — *NAME* 24b. | LOCATION CITY OR TOWN STATE 24c.

DATE (MONTH, DAY, YEAR) 24d. | FUNERAL HOME — *NAME AND ADDRESS* (STREET OR R.F.D. NO., CITY OR TOWN, STATE, ZIP) 25a.

FUNERAL DIRECTOR — *SIGNATURE* 25b. | REGISTRAR — *SIGNATURE* 26a. | DATE RECEIVED BY LOCAL REGISTRAR 26b.

Abb. 14: Eine Todesbescheinigung der USA. In dieses Standardformular für die 48 Bundesstaaten werden auch Angaben über die Eltern, hauptsächliche Berufstätigkeit und Berufssparte des Verstorbenen sowie über das Bestattungsunternehmen aufgenommen.

IX. BEDEUTUNG DER NEUERKRANKUNGEN UND DEREN ERFASSUNG

Wie bereits bei mehreren Gelegenheiten festgestellt wurde, sind Inzidenz und Inzidenzraten die wesentlichste Information für den epidemiologischen Vergleich von Krankheitshäufigkeiten und eine erfolgreiche Ursachenforschung. Wie kann man nun von Todesfällen als der alleinigen – wenn auch weitgehend vorhandenen – Informationsquelle abkommen?

1. Morbiditätserfassung in Registern

Ein Anhaltspunkt für die Dimension der Unterschiede zwischen Sterblichkeit und Neuerkrankungshäufigkeit ergibt sich aus dem Vergleich der Krebshäufigkeit in den USA für beide Geschlechter, wie aus Abb. 15 hervorgeht.

Die gerade Trendkurve der Krebssterblichkeit steht im starken Gegensatz zur ansteigenden Trendkurve für die Krebsneuerkrankungsziffern in den USA. Außerdem läßt sich erkennen, daß weniger als die Hälfte der Krebsneuerkrankungsfälle zu Krebssterbefällen werden. Hier zeigt sich allerdings, daß Krebsneuerkrankungsraten nicht direkt vergleichbar sind mit Sterberaten. Wie bereits oben gesagt, ist ein Sterbefall ein definitives Ereignis und kann nur einmal gezählt werden. Krebserkrankungen kann es jedoch bei solchen Personen, die erfolgreich von einer Krebsform geheilt wurden, mehrfach geben. Insofern sind Mehrfacherkrankungen bei den Fortschritten der Medizin in zunehmendem Maße zu erwarten und wohl auch der Grund für die ansteigenden Raten. Eine solche Inzidenzstatistik, d. h. also die Registrierung aller neu auftretenden Fälle an ischämischen Herzkrankheiten (also Durchblutungsstörungen des Herzens mit der als „Herzinfarkt“ bezeichneten stärksten Ausprägeform), hat zur Erkenntnis geführt, daß etwa 1/5 aller plötzlichen Todesfälle bereits aufgetreten waren, bevor ärztliche Behandlung zur Verfügung stand. Die meisten dieser Todesfälle kamen nicht mehr zur ärztlichen Behandlung ins Krankenhaus, da sie sich bereits auf dem Wege dorthin ereigneten. Dieses Ergebnis

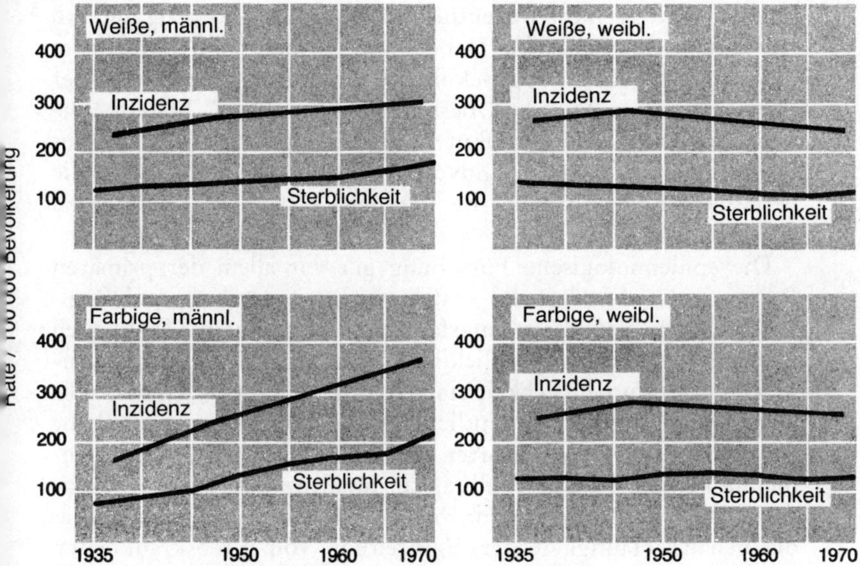

Abb. 15: Unterschiede zwischen Inzidenz an Krebs (Morbidität) und Sterberaten nach Rasse und Geschlecht in den USA, 1935–1970; Raten/100 000 Bevölkerung (aus: Cancer Rates und Risks. NIH, Washington, 1974, S. 6).

der von der WHO in mehreren Ländern Europas durchgeführten sog. Registerstudien hat gezeigt, wie wichtig die primäre Prävention für diesen Krankheitstyp ist. Wenn von 100 Infarktpatienten 20 den Arzt oder das Krankenhaus nach dem Auftreten von Symptomen nicht mehr lebend erreichen (d. h. 66 % der Todesfälle an Herzinfarkt insgesamt), dann nützt eine auch noch so effektive Behandlung nichts. Die Verhütung des Herzinfarkts müßte demnach in den Vordergrund rücken (Kapitel XIII. 6).

Wäre eine Erfassung nur über das Krankenhaus erfolgt, hätte man die Mehrzahl dieser frühzeitigen Herzinfarkttodesfälle nicht gezählt. Diese Beobachtung hat dazu geführt, daß man eine bevölkerungsbezogene Registrierung von Krankheiten der einfachen Zusammenführung von Unterlagen aus Krankenhäusern vorzieht. Der zu betreibende Aufwand wird wettgemacht durch die weit vollständigere und verläßlichere Information, wie sie für gesundheitspolitische Maßnahmen nun einmal unbedingt erforderlich ist. Durch diese Tatsache, nämlich daß noch nicht einmal die Hälfte gefährdeter Patienten einer wirksamen Behandlung zugeführt werden konnte, wird auch die Bedeutung der Krankheitsvorbeugung und -verhütung unterstrichen. Dabei muß es mehr um die primäre Prävention als um die sog. sekundäre Prävention gehen, die in der „Früherkennung bei schon bestehender Krankheit" besteht. Die Früherkennung einer so akut verlaufenden Krankheit wie des Herzinfarkts ist weniger sinnvoll als die primäre Prävention, die bereits die Entstehung der Bedingungen für den Herzinfarkt zu verhüten versucht.

Die epidemiologische Forschung gilt vor allem der primären Prävention und bedarf der systematischen Sammlung und Registrierung von Neuerkrankungsfällen von bestimmten Krankheiten (der Inzidenz). Die augenblickliche Diskussion über die Notwendigkeit oder Entbehrlichkeit einer Registrierung von Krebskrankheiten zeigt besonders deutlich, daß es noch unterschiedliche Standpunkte gibt. Befürworter der Krebsregistrierung führen immer ins Feld, daß die Feststellung der Inzidenz an Krebs von besonders großer Bedeutung sei, da man ohne solche Registrierung über die genaue Häufigkeit der Verbreitung von Krebskrankheiten überhaupt nichts sagen und vor allem die Entwicklung der einzelnen Trends, also des Ansteigens oder Abnehmens einzelner Krebsformen, ebenfalls nicht sicher beurteilen könne. Weitere wesentliche Funktionen eines Registers, die die enormen Kosten rechtfertigen, werden dann oft nicht gleichberechtigt angeführt oder sogar schamhaft verschwiegen.[1]

Dabei sind viele Funktionen eines Registers für die epidemiologische Forschung als wichtiger zu betrachten und für zukünftige Entwicklungen dieser Forschung unabdingbar, selbst wenn heute der Gedanke an eine Nutzung von Registrierdaten für bevölkerungsbezogene epidemiologische Studien noch ungewohnt und vielleicht sogar abschreckend wirkt.

In den Kapiteln Kohortenstudien und Fall-Kontroll-Studien wird auf die Nutzung von Krankheitsregistern für solche Studienformen ausführlich eingegangen. Hier soll lediglich auf die Vorteile einer Krebsregistrierung hingewiesen werden, und zwar am Beispiel der Berufskrebsforschung in Norwegen.

Das norwegische Krebsregister begann 1953 mit der systemati-

[1] Dieses Verschweigen kann taktische Gründe haben, um in der gegenwärtigen angespannten Datenschutzdiskussion den Gegnern jeglicher Registrierung nicht neue Argumente zu liefern, die eine Nutzung von Registern als Datenquellen für Interviewstudien sicherlich mit sich brächte.

schen Erfassung aller neu diagnostizierten Krebsfälle im gesamten Land. Die vollen Identifikationsdaten wurden im Computer gespeichert und für Forschungszwecke unter bestimmten Auflagen verfügbar gemacht. Ein Beispiel einer Nutzung von Registerdaten ist die Untersuchung des Krebsrisikos bei Arbeitern einer Nickelfabrik (Pedersen, E., et al., 1973). In der Studie über das berufliche Risiko von Nickelraffineriearbeitern, an Krebs der oberen Luftwege einschließlich des Kehlkopfes und der Nasennebenhöhlen zu erkranken, wurde es mit Hilfe des Registers möglich, alle im Zeitraum der Beobachtung der gesamten Gruppe von in der Fabrik beschäftigten Personen aufgetretenen Neuerkrankungsfälle festzustellen. Mit diesem Vorgehen war somit eine Art Überwachung einer Untergruppe der Gesamtbevölkerung möglich geworden, wie man auch gesamte regionale Bevölkerungsgruppen als große Kohorten betrachten kann, die auf ihr weiteres Lebensschicksal überwacht und mit Hilfe des Registers auch erfolgreich auf das Auftreten neuer Krebsfälle untersucht werden können. Eine permanente Überwachung der Gesundheit solcher Bevölkerungsgruppen führt zur möglichen Erkennung eines Anstieges von Krebskrankheiten. Es ist logisch, daß einem solchen Ansteigen auch der Anstieg der Ursachen vorangegangen sein muß, womit sich Notwendigkeit und Möglichkeiten der Krebsursachenforschung ergeben. Mit Hilfe einer solchen Gesamtregistrierung werden auch Daten verfügbar, die erforderlich sind, um die erwarteten Krebskrankheitsfälle in einer Untergruppe der Bevölkerung zu berechnen, d. h. die Zahl, die für die Untergruppe zu erwarten wäre, wenn die Häufigkeit aus der gesamten registrierten Bevölkerung auch für diese Untergruppe gelten würde. Im Falle der norwegischen Studie ergab sich, daß 27mal mehr Krebserkrankungen der Atemorgane im Vergleich zu dem Erwartungswert gefunden wurden, wenn die Arbeiter mehr als 15 Jahre in dem Werk beschäftigt und vor 1930 in die Fabrik eingetreten waren. Diese Häufigkeit verringerte sich auf 19fach über dem Erwartungswert, wenn der Eintritt in die Beschäftigung zwischen 1930 und 1940 lag. Die Schlußfolgerungen für die Behörden aus diesen Befunden war eindeutig, indem der Produktionsbetrieb eingestellt wurde, bis wirksame industriehygienische Maßnahmen zum Schutze der Arbeiter eingeführt waren.

In Ländern ohne Krebsregister können solche Studien nicht durchgeführt werden, und man muß sich mit Angaben aus den Mortalitätsstatistiken behelfen. Daraus ergibt sich, daß nur solche Risiken erkennbar werden, die mit einer hochgradigen Sterblichkeit verbunden sind, d. h. die Wahrscheinlichkeit der Aufdeckung von Gesundheitsrisiken beschränkt sich auf hochletale Krankheiten. Der Wert einer Registrierung von Neuerkrankungsfällen besteht also darin, daß man einerseits die gesamte Krankheitshäufigkeit erfassen kann (nicht nur die tödlich verlaufenden Erkrankungsfälle) und andererseits auch Mehrfacherkrankungen derselben Person notiert. So ist es beispielsweise bei mehrfachen Herzinfarkten oder auch bei Erkrankung an verschiedenen Krebsformen zunehmend der Fall, daß mit einer Verbesserung der Behandlungserfolge auch die Wahrscheinlichkeit ansteigt, daß Personen nicht unmittelbar daran sterben und somit mehrfach erkranken können (allerdings dann an verschiedenen Krebsformen). Dahinter können sich nun natürlich auch verschiedene Ursachen für die jeweilige erste, zweite oder dritte Erkrankung verbergen, die nur mit einer solchen Registrierung jedes einzelnen Erkrankungsfalles wirksam untersucht werden können. Die Rolle von Krankheitsregistern bei der Auffindung noch unbekannter Risiken wurde von dem englischen Epidemiologen Sir Richard Doll sogar so stark betont, daß er Register als die Hauptwaffen bei der Suche aller derjenigen Risiken zeigt, die weder allein berufsbedingt noch allein umweltbedingt, vielmehr die Ursachen für die Masse der Krankheitsfälle in den Krankenhäusern sein dürften.

Die Gefahr, trotz einer stattlichen Sammlung von Daten sogenannte Datenfriedhöfe zu erzeugen, tritt immer dann zutage, wenn keine nennenswerte Nutzung für die Forschung stattfindet. Eine solche Gefahr droht, wenn man zur Befriedigung von Datenschutzbedürfnissen keine adäquaten Bestimmungen schafft, die eine Nutzung der Registerdaten für die epidemiologische Forschung ermöglicht. Ein solcher Fall könnte sich für das Saarland ergeben, wo in Deutschland bereits seit 1967 eine sehr effektive Krebsregistrierung erfolgt. Dazu wird auf die ausführlichere Darstellung der Verhältnisse im Saarland unter dem Kapitel Krebsepidemiologie verwiesen.

2. Morbidität und Mortalität im Vergleich

In den prospektiven Studien, die zumeist Berufskohorten oder andere gut definierbare Bevölkerungsgruppen betreffen, wird zumeist von der Sterblichkeit an bestimmten, in einem hohen Prozentsatz zum Tode führenden Krankheiten gesprochen, so daß die entsprechenden Risikobestimmungen mit der Sterblichkeit allein erfolgten.

Dieses Verfahren hat sich besonders deshalb bewährt, weil eine epidemiologische Mortalitätsstudie einen optimalen und geradezu idealen Weg der Untersuchung langfristig auftretender gesundheitlicher Schädigungen darstellt. Die Tatsache des Todes ist ein eindeutig feststellbares Datum, wozu noch die eigentliche Todesursache als Einzelangabe kommt, selbst wenn dazu Begleitkrankheiten zum Zeitpunkt des Todes erfaßt und dokumentiert werden können. Aber auch ganz ohne Kenntnis der Todesursache kann eine Analyse der Sterblichkeit aufgrund der Tatsache des Todes allein erfolgen, und zwar in Abhängigkeit von der Art oder Dauer der Tätigkeit. Das kann z. B. zur Feststellung einer Frühsterblichkeit dienen, die ganz allgemein auf ein Gesundheitsrisiko hinweisen kann und dann natürlich zu einer Erforschung der dafür verantwortlichen einzelnen Todesursachen führen sollte. Hinzu kommt, daß Nachforschungen hinsichtlich des sog. Vitalstatus, also zur Feststellung des Todes, in Deutschland verhältnismäßig einfach und ohne Einbeziehung der betroffenen Personen erfolgen können. Der sog. Follow-up[2] bedient sich der vorliegenden Registrierung jeder Person an ihrem Wohnort mit Hilfe der Meldeämter, die sich für im öffentlichen Interesse stehende Forschungsarbeiten stets entgegenkommend gezeigt haben.

Schließlich hat sich herausgestellt, daß die Todesursache Krebs als Studienobjekt bei den todesursachenspezifischen Auswertungen solcher Studien so gut dokumentiert ist, daß sich aufgrund der Angaben auf den Todesbescheinigungen Risikostudien durchaus durchführen lassen. Was spricht jedoch für die Verwendung weiterer Angaben neben der Todesursache, also der Morbidität?

Grundsätzlich wird bei Morbiditätsuntersuchungen eine Krankheit zu Lebzeiten des Betroffenen erfaßt, wobei sich jedoch Probleme ergeben können. Die Einordnung des einzelnen in eine Kategorie gesund bzw. krank ist oft problematisch, besonders, wenn es um die Untersuchung chronischer Krankheiten mit unsicherem Beginn von Krankheitssymptomen oder nicht ohne weiteres meßbaren Zeichen wie psychologischen Symptomen geht. Eine weitere

[2] Follow-up: Nachforschung im Rahmen einer Langzeitstudie entweder zur Feststellung der Überlebenszeit (Therapie-Vergleichsstudien) oder zum Verbleib nach dem Ausscheiden aus einer Risikoexposition (Follow-up-Studie = Kohortenstudie).

Schwierigkeit ist die Beschaffung von genauen Krankheitsdiagnosen, also denjenigen Befunden, die zur Identifizierung des Krankheitsfalles führen. Hier gibt es besondere Probleme der Zuverlässigkeit und Vergleichbarkeit der diagnostischen Verfahren, der Entscheidungsebene und der ärztlichen Versorgung ganz allgemein. In dem Band ›Datenquellen für die Epidemiologie und Sozialmedizin‹ wurden diese Probleme im einzelnen angesprochen (Brennecke et al., 1981).

Wenn man ganze Bevölkerungsgruppen zu ihren Lebzeiten in eine epidemiologische Untersuchung einbeziehen möchte, ergibt sich ein weiteres Problem, und zwar die Beunruhigung der Betroffenen im Vergleich zur restlichen Bevölkerung.

Zur Beunruhigung kann es kommen, wenn Personen bereits aus dem Arbeitsleben ausgeschieden sind oder aus irgendwelchen Gründen gekündigt haben und durch eine Nachforschung aufgespürt und zur Untersuchung aufgefordert werden. Ebenso können sich Mitarbeiter einer Firma oder eines großen Werkes nach den Gründen für die Notwendigkeit einer zusätzlichen Untersuchung fragen. Oft kommt es dabei darauf an, eine solche epidemiologische Untersuchung in den Medien oder entsprechenden Gremien gut vorzubereiten und zu erklären. Neben einer Beunruhigung kann es aber auch zu einer Anspruchshaltung hinsichtlich der Gesundheitsgefährdung, um die es oft geht, und zu einer Schadenkompensation kommen, womit dann wiederum die Kooperation der betreffenden Industriebetriebe merklich beeinflußt werden kann. Schließlich hat sich gezeigt, daß, wie in den USA schon seit Jahrzehnten üblich, die Langzeitstudien in ganzen Bevölkerungen (wie z. B. in Framingham oder Tecumseh) (Kessler u. Levin, 1970) zu einer Veränderung der Kohorten führen kann. Deren Mitglieder sind nicht nur besser untersucht oder sogar gesundheitlich versorgt, sondern verhalten sich als Teilnehmer an einer Studie entsprechend unterschiedlich und nicht mehr „normal“, d. h. mit allen möglichen Expositionen gegenüber Gesundheitsrisiken usw. (sog. Hawthorne-Effekt). Es wäre ja auch unsinnig und unethisch, Studienpopulationen zum Fortsetzen bestimmter schädlicher Gewohnheiten oder Expositionen aufzufordern, wenn sich im Rahmen einer Studie bei einzelnen Studienteilnehmern die Einsicht ergibt, daß man sich lieber gesundheitsbewußt verhalten möchte. Aus diesem Grunde sind echte prospektive Studien meistens auch mit einem „eingebauten“ Fehler behaftet.

X. KOHORTENSTUDIEN

Untersuchungen von beruflich bestimmten Stoffen ausgesetzten sog. exponierten Gruppen spielen eine zunehmend wichtige Rolle bei der Entdeckung von Umweltkomponenten für die Entstehung von Krankheiten wie z. B. Krebs. Am Arbeitsplatz findet sich häufig eine extreme Exposition gegenüber Substanzen oder Situationen, mit denen man üblicherweise nur gelegentlich oder selten konfrontiert wird. Hinzu kommt, daß solche beruflichen Expositionen nicht nur von der Intensität, sondern auch von der Dauer her viel stärker auf Personengruppen in bestimmten Berufen einwirken können als auf die übrige Bevölkerung, selbst wenn diese Substanz in der allgemeinen Umwelt auch weit verbreitet vorkommt. Berufsrisikostudien haben daher zweifache Bedeutung: einmal die Aufgabe, Risikosituationen für die unmittelbar Betroffenen aufzudecken, zum anderen stellvertretend für die Umweltrisikoforschung eingesetzt zu werden.

1. Untersuchung beruflicher Risiken

Studien zur Untersuchung von beruflichen Risiken haben bereits eine lange Tradition, nachdem im Jahre 1775 der englische Chirurg Percival Pott eine ungewöhnlich große Zahl von Patienten mit einem bestimmten Hautkrebs beobachtet hatte, der vorzugsweise in der faltenreichen Haut des Hodensacks auftrat. Die Patienten waren alle Schornsteinfeger und meistens noch sehr jung, hatten aber bereits seit mehreren Jahren in Ausübung ihrer Tätigkeit in die Schornsteine hineinkriechen müssen. Als entscheidender Faktor kam hinzu, daß Ablagerungen des Rußes längere Zeit auf sie einwirken konnten, sie also nicht besonders reinlich waren. Tierversuche haben die krebserzeugende Wirkung von Anteilen im Ruß später einwandfrei nachgewiesen.

Bereits vor dieser Entdeckung, nämlich im 16. Jahrhundert, hatte es eine mysteriöse Bergkrankheit gegeben, die meistens Bergleute im mittleren Europa befiel, die langfristig unter Tage gearbeitet hatten. Wie sich später herausstellte, können die Lungenkrebsfälle, mit denen diese Krankheit identisch ist, ursächlich der Radioaktivität der

Atemluft in den Minen zugeschrieben werden. Eine ganze Reihe weiterer Beobachtungen dieser Art führte schließlich zur Entwicklung von Untersuchungsmethoden, die die Quantifizierung der Zusammenhänge zwischen langfristiger Exposition gegenüber Schadstoffen und dem Auftreten von Krankheiten ermöglichten.

Obwohl es augenblicklich eine recht heftige Diskussion über die Frage gibt, welcher Anteil aller Krebsfälle beruflichen Ursachen zugeschrieben werden kann, ist es doch unbestritten, daß einige berufliche Gruppen einem ungewöhnlich hohen Krebsrisiko unterliegen. Ein bekanntes Beispiel ist das Auftreten des bösartigen Tumors des Lungen- oder Bauchfells, des Mesothelioms, das sehr stark mit der Tätigkeit in asbestverarbeitenden Berufen in Zusammenhang gebracht wird. Ähnlich auffallend ist das Auftreten bösartiger Tumoren der Leber, den Angiosarkomen, unter Produktionsarbeitern in der Vinylchlorid-Herstellung und PVC-Verarbeitung. Ebenso findet sich eine starke Erhöhung der bösartigen Bluterkrankungen (Leukämien) bei Chemiearbeitern mit Exposition gegenüber Benzol und verwandten Produkten in der Verarbeitung von Styrol und in der Gummiindustrie. Schließlich gibt es sehr auffällige Häufungen von Lungenkrebs in bestimmten Berufsgruppen, die gegenüber Arsen (Kupferhütten), Chromaten, Nickel, Uran und zusammengesetzten chemischen Substanzen wie Bis-chloromethyläther in Berührung gekommen waren. Diese Aufzählung soll nicht vollständig sein, jedoch schon einen Hinweis auf die Möglichkeit geben, Gefährdungen mit epidemiologischen Methoden zu untersuchen und nachzuweisen (Frentzel-Beyme 1980a, Thiess et al. 1977).

Für diese Untersuchungen ist es erforderlich, geeignete Berufs- und Arbeitsplatzbedingungen und entsprechend hochgradig exponierte Berufsgruppen zu finden. Der erste Anstoß zu epidemiologischen Untersuchungen in bestimmten Berufsgruppen kommt oft von einer Reihe von Hinweisen und Informationen, von denen einige aufgezählt werden:

1. Wenn Tierversuche Hinweise ergeben haben, daß eine bestimmte Substanz krebserregend sein könnte, werden Untersuchungen der Sterblichkeit in beruflich entsprechend exponierten Gruppen durchgeführt, um die Wirkung auf den Menschen zu untersuchen. Dabei muß hier wieder darauf hingewiesen werden, daß es sich nicht um ein Experiment handelt, sondern bestenfalls um die Rekonstruktion eines bereits abgelaufenen und unbeabsichtigten sog. natürlichen Experiments.

2. Wenn andere epidemiologische Studien Hinweise auf die Notwendigkeit der Untersuchung einer außergewöhnlichen Häufung von Sterbefällen an bestimmten Krebsformen oder anderen seltenen Krankheiten in einer Berufsgruppe ergeben, so kann auch die Untersuchung der geographischen Verteilung von Krebshäufigkeiten zur Entdeckung von 'Nestern' führen, deren Ursache ergründet werden muß. Auf diese Weise sind eine Reihe von Hinweisen auf gefährdete Berufsgruppen gewonnen worden.

3. Häufig sind es die Beobachtungen der Arbeitsmediziner und ihre Fallberichte, die auf die Häufung ungewöhnlicher Krebsformen hinweisen, wie es bei Lebertumoren in der Vinylchloridherstellung der Fall war.

4. Gelegentlich kann sogar die eigene Beobachtung der betroffenen Personen zum Aufdecken einer Gefährdung führen.

2. *Methoden*

Es gibt eine Reihe von Verfahren, mit denen man diese angedeuteten Gefährdungen und Erhöhungen des Krebsrisikos nachweisen kann. Dabei wird zunächst meistens von der Untersuchung der Sterblichkeit ausgegangen, weil sich hier weniger methodische Probleme ergeben als bei der Untersuchung der Neuerkrankung an Krebs oder anderen chronischen Krankheiten.

Krebs hat eine lange Entstehungszeit, die als Latenzperiode bezeichnet wird und zwischen 20 und 30 Jahren betragen soll, so daß epidemiologische Studien meist in die Vergangenheit zurückreichen müssen. Damit ergibt sich jedoch nicht nur die Notwendigkeit der Verwendung von Angaben und Unterlagen aus früheren Jahren, sondern auch die Abhängigkeit von einer guten und geeigneten Dokumentation bestimmter zurückliegender Mindestinformation für eine solche Untersuchung.

Das typische Vorgehen betrifft die Analyse der Sterblichkeit in den Berufsgruppen, in denen beobachtete Todesfälle an einzelnen Todesursachen mit den erwarteten Sterbefällen an den gleichen Todesursachen verglichen werden, die von einer geeigneten Vergleichsgruppe stammen. Solche Vergleichswerte werden entweder den Sterberaten der umgebenden oder der gesamten Bevölkerung des Landes entnommen oder im Idealfall einer unmittelbar vergleichbaren Kontrollgruppe, die sich von der Untersuchungsgruppe nur durch das Fehlen der besonderen, gerade untersuchten

Berufsrisikosituation unterscheidet. Alle Analysen werden üblicherweise so durchgeführt, daß die Altersverteilung und die Dauer der Beobachtungsperiode beachtet werden, wobei unterschiedlich lange Beschäftigungszeiten oder Intensitäten der beruflichen Exposition am Arbeitsplatz untersucht werden können. Damit kann man Anhaltspunkte für Dosis-Wirkung-Beziehungen gewinnen. Zusätzlich zu derartig groben Analysen, die den Charakter eines ersten Überblicks haben müssen und auf besonders auffällige Risiken hinweisen (wie z. B. Vinylchlorid oder die Einwirkung von Strahlung), werden in letzter Zeit verstärkt Bemühungen angestellt, vollständigere und empfindlichere Analysen mit Hilfe von multivariaten Modellen durchzuführen. Hierbei werden verschiedene und oft schon bekannte Einflußfaktoren so berücksichtigt, daß ihr möglicher Einfluß auf die Erhöhung der Krebshäufigkeit in Anrechnung gebracht wird. So werden z. B. das Rauchen, die ethnische oder soziale Herkunft oder der Einfluß bestimmter Sterberisiken an anderen Krankheiten als Krebs entsprechend berücksichtigt. Methoden dieser Art sind kürzlich in verschiedenen Publikationen dargestellt worden (Brown und Chu, 1983).

Diese teilweise komplexen Modelle berücksichtigen die wichtige Tatsache, daß die meisten Krebsformen typischerweise als eine Funktion des Alters in fünf- oder sechsfacher Potenz zunehmen. Daher werden sog. Vielschritt-Modelle erforderlich, die die Einflüsse zunehmender Zeitdauer nach dem Einwirken karzinogener Prozesse einzubeziehen versuchen. Die Mehrschritt-Theorie besagt, daß Krebsfaktoren als Initiatoren wirken können und erste karzinogene Prozesse in Gang setzen. Diese Faktoren haben gewöhnlich eine lange Latenzperiode. Andere Krebsfaktoren sind dagegen sog. Progressoren, die innerhalb dieser Latenzperiode beschleunigend wirken können und einen irreversiblen Effekt haben (im Gegensatz zu im Tierversuch zu beobachtenden Promotoren, die zwar beschleunigend wirken können, aber reversibel sind). Die Latenzzeit von Progressoren wird gewöhnlich als kürzer angenommen als die von Initiatoren. Alle diese Vorgänge spielen sich innerhalb eines Prozesses ab, der auf der zellulären Ebene, also im mikroskopischen Bereich des menschlichen Organismus stattfindet und dann mit der Umwandlung einer normalen Zelle zur Krebszelle endet (Transformation).

Damit wird klar, wie kompliziert die notwendigen Untersuchungen und eine zukünftige Forschung sein müssen, um solche wichtigen Faktoren unserem Wissensstand entsprechend zu beachten. Dennoch ist das Vorgehen bei der Untersuchung von Berufsrisiken bisher sehr pragmatisch (Beobachtungsstudien).

a) Proportionale Mortalitätsraten (PMR)

In einer PMR-(proportionale Mobilitätsraten-)Studie wird von der Zahl der Todesfälle ausgegangen, wobei man die Verteilung der einzelnen Todesursachen, wie z. B. Prozentsatz der Krebstodesfälle, betrachtet und mit der Verteilung der Todesursachen in der Gesamtbevölkerung vergleicht. Dabei wird festgestellt, ob irgendwelche Todesursachen mit ungewöhnlicher Häufigkeit im Vergleich mit dem Bild in der Gesamtbevölkerung vorkommen, wobei sich meistens herausstellt, daß die typischen Todesursachen für eine Gesamtbevölkerung in einer für die Beschäftigung in der Industrie geeigneten Untergruppe dieser Gesamtbevölkerung nicht vorkommen oder zumindest nicht so häufig anzutreffen sind. Zu diesen Todesursachen gehören Herz-Kreislauf-Krankheiten, Lungen- und Atemwegserkrankungen und chronische Krankheiten wie Tuberkulose, Mißbildungen oder Krankheiten, die typischerweise die Einstellung in einen Industriebetrieb verhindern. Hier handelt es sich um einen sehr wichtigen Verzerrungsfaktor, der als Healthy Worker Effect bezeichnet wird. Mit dem Absinken bestimmter Todesursachen ist natürlich das Ansteigen anderer Todesursachen verbunden, wozu meist auch Krebs gehört. Eine gewisse Überschätzung der Krebshäufigkeit ist geradezu eine automatische und zwangsläufige Folge der Untersuchung der PMR, da diese auf der relativen Häufigkeit von Todesursachen beruht. Es handelt sich allerdings um den Vergleich von Sterberaten, in denen sich nur die letal verlaufenen Fälle bestimmter Krankheiten niederschlagen. Trotz der Nachteile gibt es einen wesentlichen Vorteil, der für die Anwendung dieser Untersuchungsmethode als eine „erste Inspektion" auf mögliche Gesundheitsrisiken in einer Berufsgruppe spricht, nämlich verhältnismäßig einfache Durchführung und die niedrigen Kosten der PMR-Studie. Man benötigt den Namen, Sterbeort und Sterbedatum aller in dem betreffenden Berufszweig *verstorbenen* Personen, um die Todesursache mit Hilfe der Eintragung auf der Todesbescheinigung feststellen zu können. Abgesehen von den Schwierigkeiten bei der Beschaffung dieser Information infolge der noch nicht abgeschlossenen Klärung des Zugriffs zu Todesbescheinigungen kann eine solche Studie in relativ kurzer Zeit abgeschlossen werden. Wegen der beschriebenen Einschränkungen in der Aussagekraft solcher Studien werden sie meistens zur Generierung von Hypothesen verwendet, um festzustellen, ob weitere Forschung auf diesem Gebiet erforderlich ist. Eine Reihe von Beispielen, wie die Häufung von Hirntumoren in der petrochemischen Industrie, Angiosarkomen und Hirntumoren in der Vinylchloridherstellung und Leukämien in bestimmten Berufsgruppen, haben wichtige Hinweise für weitere Untersuchungen in anderen vergleichbaren Gruppen und im Tierexperiment gegeben. Eine gewisse Verbesserung dieser Technik, die immer dann gewählt werden muß, wenn die Risikobevölkerung aller in dem Berufszweig beschäftigten Personen unbekannt ist,[1] ergibt sich mittels der standardisierten proportionalen Mortalitätsrate (SPMR), die eine Wichtung der PMR gemäß der Altersverteilung der Todesfälle ermöglicht (Monson, 1982).

b) Die Bestimmung der standardisierten Mortalitätsraten (SMR)

Hierzu wird eine prospektive Follow-up-Studie (Kohortenstudie), meist mit zurückverlegtem Beginn, erforderlich. Zunächst müssen alle Mitarbeiter eines Produktionsbetriebs, die jemals gegenüber einer verdächtigen Substanz exponiert waren, systematisch erfaßt werden. Hierzu ist natürlich die volle Kooperation des jeweiligen Betriebs erforderlich. Eine Organisationsbesprechung unter Einbeziehung von Vertretern der Arbeitnehmerschaft steht am Beginn der Studie. Anhand der Namensliste aller ehemaligen Mitarbeiter, die einige Grundangaben enthält, wird die Kohorte als sog. Risikobevölkerung erfaßt. Als Mindestangaben werden das Geburtsdatum, das Datum des Eintritts in den Berufsbereich, weiterhin das Datum des Eintritts in den Betrieb mit der Expositionsmöglichkeit gegenüber dem Risikofaktor, dann wiederum die Austrittsdaten aus beiden Bereichen und die Gründe für den Austritt benötigt. Für die ausgetretenen Personen ist dann die letzte Anschrift

[1] Dieser Fall tritt z. B. in den USA häufig dann ein, wenn seitens der Industrie kein Zugang zu den betriebsinternen Daten gewährt wird, wogegen aufgrund der Eintragungen in den Todesbescheinigungen nicht nur der Beruf, sondern auch die Arbeitsstelle von Krebstodesfällen ohne weiteres feststellbar ist.

von großer Bedeutung für die weiteren Nachforschungen (Follow-up s. S. 91).

Als Exposition gilt jeweils die Dauer der Tätigkeit in den Risikobereichen, solange keine genaueren Meßangaben zu den dort herrschenden aktuellen Expositionsmöglichkeiten vorliegen. Liegen solche Angaben vor, so kann man Untergruppen nach entsprechenden Expositionsstärken bilden, die eine gelegentliche, mittlere oder hohe Exposition aufweisen, oder sogar nach den genauen Meßwerten aufgeschlüsselt. Da solche Meßwerte aber oft fehlen, wird stellvertretend als Maß der Expositionsstärke deren Dauer verwendet.

Der sogenannte Vitalstatus, also die Feststellung, ob eine Person noch lebt oder inzwischen verstorben ist, ergibt sich aus der Information, ob der betreffende ehemalige Mitarbeiter nach seinem Ausscheiden noch in der Meldestelle seines letzten Wohnorts als lebend registriert ist. Zur Feststellung dieses Vitalstatus aus der Firma ausgeschiedener Personen wird ein Follow-up über die Meldeämter durchgeführt, um den Verbleib (d. h. noch lebend oder inzwischen verstorben) bis zum Ende der Studie (Stichdatum) festzustellen. Im Todesfall wird zur Feststellung der Todesursache die Information aus der Todesbescheinigung verwendet (solange nicht Krebsregister oder andere Informationsquellen zur Verfügung stehen), die von jedem Verstorbenen existiert. Natürlich wird immer versucht werden, darüber hinausgehende, verläßliche Angaben über alle zum Zeitpunkt des Todes bestehenden Krankheiten zu gewinnen; Angaben solcher Art sind oft auch auf den Todesbescheinigungen enthalten.

Dieses Vorgehen erfordert Aktivitäten, die über die herkömmlichen, vom arbeitsmedizinischen Dienst für die meist noch aktiven und jungen Mitarbeiter der Betriebe angebotenen Leistungen hinausgehen. Daher kann dieses Follow-up nicht innerhalb der ärztlichen Routine eines Werkes durchgeführt werden; es erfordert vielmehr eine spezielle Technik und eigens dafür verantwortliche hauptamtliche Bearbeiter.

Die Auswertung der erhobenen Angaben besteht wieder im Vergleich von Inzidenzraten, also der Häufigkeiten des Auftretens bestimmter Krankheiten oder Todesursachen. Die Bestimmung der einen dafür erforderlichen Angabe, der erwarteten Anzahl von Todesfällen, ist der wichtigste Akt dieser Untersuchungsform. Sie erfolgt mit einer Standardmethode, die eine Verwertung variabler Beobachtungszeiten der einzelnen Studienteilnehmer erlaubt, d. h. die erwarteten Zahlen werden mit Hilfe der Personenjahre-Berechnung gewonnen. Alle unter der Risikoexposition oder unter Beobachtung seit Beginn dieser Risikoexposition auch nach Beendigung der Tätigkeit verbrachten Lebensjahre pro Person werden für alle Altersgruppen berechnet, indem die altersmäßige Verteilung aller Personen für jedes Altersjahr und jedes Kalenderjahr der Untersuchungsperiode tabelliert wird. Die Anzahl der Personenjahre je Alters- und Kalenderjahresbereich (meist in 5-Jahres-Perioden) kann für die gesamte Periode jeweils zusammengezählt werden, wobei sich eine entsprechend große Anzahl von einzelnen Angaben pro Person ergibt. Am Beispiel der Zusammenstellung dieser Angaben läßt sich leicht der entscheidende Fortschritt ermessen, den die Einführung des Computers als Hilfsmittel der Epidemiologie mit sich brachte (Frentzel-Beyme, 1976).

Da jede einzelne Person innerhalb der Studie vom Beginn der Beobachtung bis zum Abbruch dieser Beobachtung unter den jeweiligen statistischen Risiken steht, an bestimmten Krankheiten zu sterben, müssen nun die einzelnen Erkrankungs- und Sterbewahrscheinlichkeiten für jedes einzelne Personenjahr berechnet und ebenfalls zusammengezählt werden. Zur Berechnung dieser als Erwartungswerte bezeichneten Wahrscheinlichkeitsangaben werden die Inzidenzen aus der Vergleichsbevölkerung benutzt. Meistens werden Sterberaten der Gesamtbevölkerung auf die altersspezifischen Summen der Personenjahre bezogen. Die altersspezifischen Summen ergeben die Zahl der Todesfälle, die zu erwarten gewesen wären, hätte die untersuchte Gruppe unter dem Sterberisiko der Gesamtbevölkerung gelebt.

Diese kumulierten Einzelwahrscheinlichkeiten ergeben die eine Inzidenzrate für die gesamte Zahl der Personenjahre, die wirklich beobachteten Todesfälle in der gesamten Kohorte (als Ergebnis des Follow-up) die andere Inzidenz. Beide Inzidenzen werden ins Verhältnis gesetzt, und der Quotient der beobachteten geteilt durch die erwarteten Todesfälle ergibt einen Faktor, den man üblicherweise mal 100 nimmt, womit die standardisierte Mortalitätsrate (SMR) feststeht.

Für dieses Vorgehen sind folgende Annahmen erforderlich:

1. Daß über einen gewissen Zeitraum das Krankheitsrisiko relativ konstant bleibt. Das bedeutet, wenn man 3 Personen 1 Jahr lang beobachtet, ergibt sich die gleiche Wahrscheinlichkeit wie bei der Beobachtung von einer Person über 3 Jahre. Unter einer solchen Annahme können die Personenjahre aller in der Untersuchungsgruppe

befindlichen Personen in 5-Jahres-Altersgruppen zusammengefaßt und entsprechenden Kategorien zugeordnet werden.

2. Für Krebsrisikostudien wird außerdem angenommen, daß die Todesfälle ein direktes Abbild der Häufigkeit des Auftretens von Neuerkrankungsfällen an bestimmten mit hoher Sterblichkeit einhergehenden Tumorformen darstellen. Mit anderen Worten: für die Beurteilung des Risikos reicht die Sterblichkeit aus.

Zur Illustration des Vorgehens soll eine Studie dienen, die der Analyse von Gesundheitsschäden bei einer Berufsgruppe diente, die man gewöhnlich als besonders gesund betrachtet, nämlich der Ärzte.

Unter der Überschrift ›Arzt zu sein ist ungesund‹ erschien kürzlich das Ergebnis einer Studie über gesundheitliche Risiken des Arztberufs in der Bundesrepublik. Dabei war von der höchsten Infarktfrequenz die Rede, aber auch von anderen Berufskrankheiten, mit der epidemischen Leberentzündung an der Spitze. In der Bundesrepublik werden nur solche Krankheiten als Berufskrankheiten anerkannt, die hinreichend häufig bei Personen vorkommen, die langzeitig einen bestimmten Beruf ausgeübt haben und wo ein Zusammenhang zwischen Beruf und Krankheit von einem Gutachter nicht mehr von der Hand zu weisen ist. Die epidemiologische Forschung beschäftigt sich dagegen mit der Untersuchung solcher Risiken in bezug auf eine gesamte Risikobevölkerung, und zwar auch solcher Krankheitsbefunde, die nicht so deutlich und eindeutig gehäuft auftreten, daß sie auch ohne wissenschaftliche Untersuchung gefunden worden wären. Viele der bisher in der Bundesrepublik vorgelegten Zahlen zu beruflich bedingten Krebsformen basierten auf den „begutachteten" und damit ausgewählten Fällen, bei denen wegen des sehr deutlichen Zusammenhangs von späterer Krankheit mit dem vorher ausgeübten Beruf eine Entschädigung bezahlt werden sollte. Auf diese Weise wird nur die Spitze eines Eisberges sichtbar. Es war aber eine besondere Situation im Berufsstand der Ärzte gegeben, die die Epidemiologen schon seit langer Zeit beschäftigte, nämlich das Strahlenrisiko und die aus der oft langzeitigen beruflichen Exposition gegenüber Röntgenstrahlen zu ziehenden Schlußfolgerungen.

3. *Eine typische Kohortenstudie*

Sind Ärzte eigentlich gesünder als die übrige Bevölkerung? Diese Frage könnte man mit einer epidemiologischen Studie zu beantworten versuchen. In den USA mit den dort teilweise günstigeren, wenn auch nicht unbegrenzten Möglichkeiten ist eine Berufsrisikostudie bei Ärzten bereits vor fast 30 Jahren erfolgt. Sie ist gleichzeitig ein gutes Beispiel für eine typische prospektive Studie, die ja bekanntlich von einer gegebenen Risikosituation ausgeht und die Krankheitshäufigkeit in der Bevölkerungsgruppe mit dem Risikofaktor im Vergleich zu einer anderen Gruppe ohne diesen Risikofaktor untersucht. In diesem Fall aus den USA ging es darum, das Krebsrisiko von Ärzten zu untersuchen, die beruflich mit Röntgenstrahlen zu tun hatten. Heute weiß jeder von uns um das Strahlenrisiko; vor 70–80 Jahren jedoch, in der Pionierzeit der Strahlendiagnostik und -therapie, war es weitgehend unbekannt oder wurde beträchtlich unterschätzt. Hier haben die Mediziner mit einer Reihe von Krankheiten und frühzeitigen Todesfällen ein historisches Opfer gebracht. Dieses Opfer nun zu quantifizieren und die Lehre aus einem weiteren natürlichen Experiment zu ziehen, war die Zielsetzung der nordamerikanischen Studie, die seit 1960 mit mehreren Teilstudien ein Lehrstück für dieses Vorgehen und die damit zu erzielenden Ergebnisse darstellt. Gesucht war die Beziehung zwischen bestimmten Strahlendosen und den später auftretenden Krebsformen. Die genannte Studie war sehr logisch und ist abgesehen davon, daß sie mit einer gewissen Hemdsärmligkeit konzipiert und durchgeführt wurde, doch auch ein gutes Beispiel dafür, welche Voraussetzungen erfüllt sein müssen, um so umfassend und effektiv vorgehen zu können (Seltser & Sartwell, 1965). Dabei muß daran erinnert werden, daß solche Voraussetzungen in der Bundesrepublik Deutschland teilweise einfach noch fehlen.

Das Konzept der Studie war verblüffend einfach: Die sporadischen Berichte von Röntgenstrahlenschäden bei Ärzten hatten Tierversuche ausgelöst, bei denen eine verkürzte Lebenserwartung bei den Versuchstieren gefunden wurde neben einigen direkten Gesundheitsfolgen, unter denen sich auch eine häufigere Krebsrate zeigte. Es schien nun also wünschenswert, menschliche Bevölkerungen, nachdem sie bekannten Strahlendosen ausgesetzt waren, darauf hin zu untersuchen, ob ähnliche Auswirkungen wie nach den Tierversuchen festzustellen waren. Welche Möglichkeiten ergaben sich ganz allgemein für eine solche Untersuchung?

Da wären zunächst einmal die japanischen Überlebenden der Atombombenexplosionen. Bei diesen handelte es sich allerdings um eine einmalige starke Strahlendosis und somit um eine für die Fragestellung ungeeignete Risikobevölkerung. Außerdem schien dort eine geeignete Vergleichsbevölkerung, die dringend erforderliche Kontrollgruppe, zu fehlen.

Eine andere Risikogruppe konnte aus Patienten bestehen, die gegenüber diagnostischen oder mit der Behandlung zusammenhängenden Strahlendosen exponiert wurden. Doch hier war eine unwägbare Größe der jeweilige Grund, der zu einer strahlentechnischen Maßnahme geführt hatte – dieser Grund konnte ja für sich selbst lebensverkürzend sein. Schon allein deshalb wäre es auch schwer, wenn nicht unmöglich, eine geeignete Kontrollgruppe zu finden.

Schließlich schien sich eine Bevölkerungsgruppe geradezu anzubieten: die beruflich und gleichzeitig in einem guten Gesundheitszustand und andererseits andauernd geringen Strahlendosen ausgesetzte Personengruppe, wie sie einmal im technischen Personal und zum anderen in der Gruppe der Röntgenfachärzte zu sehen ist. Diese letztere Gruppe der Radiologen bot sich schon deshalb besonders an, weil sie leicht zu erfassen war, ein geregeltes Leben führte und besonders bei Krankheit und Tod besonders gewissenhaft betreut, untersucht und dokumentiert wurde. Somit war mit dieser Berufsgruppe eine ideale Studienbevölkerung gefunden.

Erinnern wir uns an das Prinzip der prospektiven Studie: Die prospektive Studie beginnt ja immer mit gesunden Personen, die dann nach einem hypothetischen Risikofaktor als Studienkohorte definiert und hinsichtlich des Auftretens von Wirkungen dieses Risikofaktors begleitend untersucht werden, wobei man gleichsam auf die Krankheiten und Todesfälle wartet. Diese sind als Indikatoren notwendig, um die Wirkung eines Risikofaktors als der gesuchten Ursache erkennen zu lassen. Für eine epidemiologische Studie haben also Krankheitsfälle Signalcharakter, die die ursächliche Wirkung eines Risikofaktors erkennen lassen. Typisch für eine Kohortenstudie ist dann auch noch, daß man ausgehend von dem Risikofaktor alle jemals auftretenden Wirkungen erfassen, also bis dahin unbekannte oder auch gar nicht erwartete Wirkungen in Form von bestimmten Krankheiten entdecken kann. Das ist einerseits die Stärke einer Kohortenstudie, da man begleitet und wartet; doch ist wiederum von Nachteil, daß man bei schwach wirkenden Risikofaktoren einerseits und Krankheiten mit langer Entstehungsdauer andererseits eben auch lange auf deren Auftreten warten muß, so daß solche Kohortenstudien eine lange Laufzeit haben müssen. Diese Laufzeit kann man allerdings dadurch verkürzen, daß man den Beginn der Studie an einen Zeitpunkt zurückverlegt, zu dem der Risikofaktor bereits vorgelegen hat. Mit diesem Trick kann man, ohne den prospektiven Charakter zu verändern, die Beobachtungszeit stark verkürzen. So wurde es auch in dieser Studie gemacht, die ja erst 1960 begonnen hat, deren Beginn jedoch in dasjenige Jahrzehnt zurückverlegt wurde, in der man die sogenannte Risikobevölkerung vollständig zusammenstellen konnte. Hierbei kam den Untersuchern der Umstand zugute, daß in den USA im Jahre 1915 eine radiologische Gesellschaft von Nordamerika gegründet worden war, in die praktisch alle Röntgenfachärzte eingetreten waren. Diese Gesellschaft führt auch Mitgliederlisten, und damit war die Möglichkeit gegeben, die Studienkohorte aufgrund dieser Verzeichnisse zusammenzustellen. Man ging einfach so vor, daß man beginnend 1915 und bis zum Stichdatum 1954 eingetretene Mitglieder dieser Gesellschaft in Fünfjahresgruppen einteilte und nacheinander hinsichtlich ihres Verbleibs oder ihres Todes verfolgte. Dazu wurden Angaben zum Geburtsjahr, zum Jahr des Eintritts in die Gesellschaft, zur Dauer der Tätigkeit als Röntgenfacharzt und der Mitgliedschaft in der Gesellschaft sowie zum Verbleib nach dem Austritt oder nach der Pensionierung erforderlich. Mit einer Nachforschung über die letzte bekannte Anschrift ließ sich bei der größten Zahl der Mitglieder der Gesellschaft feststellen, ob sie noch am Leben oder verstorben waren. Von den Verstorbenen wurden die Todesursachen festgestellt. Dazu bediente man sich der Todesbescheinigung. Nach einer bestimmten Zeit hatte man einen Überblick über die Anzahl der Todesfälle und auch über an bestimmten Krebsformen verstorbene Personen. Man wollte nun natürlich vergleichen, ob die Zahl der gefundenen Krebsfälle eigentlich höher war als in einer Gruppe von Ärzten, die nicht gegenüber Strahlen exponiert waren. Zur Gewinnung der Vergleichsdaten war die Studie so konzipiert, daß neben der Gesellschaft der Radiologen ebenso die Mitglieder der folgenden Gesellschaften mit der gleichen Methode untersucht wurden: der Gesellschaft der Augenärzte und Hals-, Nasen-, Ohrenärzte sowie der Gesellschaften der Internisten, der Orthopäden und der Pathologen und Bakteriologen. Dabei war die Hypothese, daß Krebssterblichkeit bei den Pathologen am höchsten, bei den Internisten geringer und am geringsten bei den Augen- und Ohrenärzten sein müßte.

Hat die Studie diese Vermutung bestätigt? Es ergab sich, daß die Sterberaten der Radiologen in den Altersgruppen 35–79 höher waren als bei den Internisten und Augen- und Ohrenärzten, und zwar besonders in der Zeit von 1935 bis 1944, während in den nächsten 10 Jahren die Raten schon niedriger waren und im Jahr 1955 bis 1958 noch niedriger. Dennoch blieb immer der Unterschied zwischen den Radiologen und den beiden anderen Gruppen erhalten, d. h. eine höhere Sterblichkeit an allen Todesursachen. Betrachtet man nun einzelne Todesursachen, so wurden die Unterschiede besonders aufschlußreich. Es stellte sich nämlich heraus, daß sowohl Herz-Kreislauf-Krankheiten, Krebs als auch alle anderen Ursachen immer bei den Radiologen häufiger auftraten als bei den Vergleichsgruppen. Betrachtet man jedoch einzelne Altersgruppen, so zeigte sich bei den Jüngeren im Alter von 35–49 Jahren noch eine geringere Sterblichkeit gegenüber den Internisten, während die Krebssterblichkeit der 50–64jährigen und der 65–79jährigen Radiologen gegenüber den Vergleichsgruppen deutlich erhöht war. Das gleiche galt für Herz-Kreislauf-Krankheiten und Nierenkrankheiten sowie alle anderen Todesursachen.

Bevor dieses Ergebnis vorlag, waren eine Reihe von Auswertungsschritten erforderlich, die kurz beschrieben werden sollen. Mit den oben bereits genannten Angaben zum Alter und Eintritt in die Fachgesellschaft wurden von den über 4000 Radiologen, fast 7500 Internisten und über 6000 Ohren- und Augenärzten zunächst nur die Hauptgruppe der Männer in die Studie einbezogen. Dadurch verringerte sich die Gesamtzahl zwar nur etwas auf insgesamt 16 800, doch waren die Nachforschungen und die Berechnungen durch die Konzentrierung auf das männliche Geschlecht einfacher. Für jede Person wurden für die gesamte Dauer der Beobachtung oder der Erfassung in der Studie bis zum Tod oder zum Ausscheiden die Personenjahre festgehalten. Die in den einzelnen Altersgruppen und Kalenderjahren durchlebten Personenjahre wurden für alle Studienpersonen einer Kohorte zusammengerechnet und dienten als Grundlage für die Berechnung der erwarteten Sterberaten. Diese Erwartungswerte dienten ja zum direkten Vergleich der Gesamtsterblichkeit und auch der Krebssterblichkeit in den 3 Kohorten (Tab. 4).

Die Gegenüberstellung der beobachteten Raten ergab nun noch weitere Hinweise auf die Art der besonders häufigen Todesursachen in den einzelnen Kohorten. Dieser Vergleich ergab, daß auch Leukämie bei den Radiologen sehr viel häufiger war als in der

Tab. 4: Leukämie bei Radiologen

Todesursache	Altersgruppe (Jahre)	Beobachtete Todesfälle bei Radiologen	Erwartete Todesfälle	Überschuß an Todesfällen	Mortalitätsrate (SMR)
Todesursachen gesamt	35–49	79	61,5	17,5	1,3
	50–64	339	271,5	67,5	1,2
	65–79	438	295,0	143,0	1,5
	35–79	856	628,0	228,0	1,4
Leukämie	35–49	2	1,9	0,1	1,0
	60–64	8	1,1	6,9	7,3
	65–79	9	4,7	4,3	1,9
	35–79	19	7,7	11,3	2,5
Krebs	35–49	9	7,3	1,7	1,2
	50–64	54	32,0	22,0	1,7
	65–79	72	47,6	24,4	1,5
	35–79	135	86,8	48,2	1,6
Herz-Kreislauf-/nierenbedingte Todesursachen	35–49	33	31,6	1,4	1,0
	50–64	209	189,1	19,9	1,1
	65–79	292	209,8	82,2	1,4
	35–79	534	430,6	103,4	1,2
alle anderen Todesursachen	35–49	35	20,8	14,2	1,7
	50–64	68	49,2	18,8	1,4
	65–79	65	32,7	32,3	2,0
	35–79	168	102,7	65,3	1,6

Aus: R. Seltser und P. E. Sartwell: American Journal of Epidemiology 81 (1965), S. 15.

Gruppe der Augen- und Ohrenärzte. In der Altersgruppe 50–64-jährige starben 7mal mehr Radiologen als in der Vergleichsgruppe. Hiermit war bereits eine wichtige Funktion dieser Studie erfüllt, nämlich das höhere Krebsrisiko zu bestätigen und sogar teilweise zu quantifizieren, also Angaben zur Stärke des Risikos zu gewinnen.

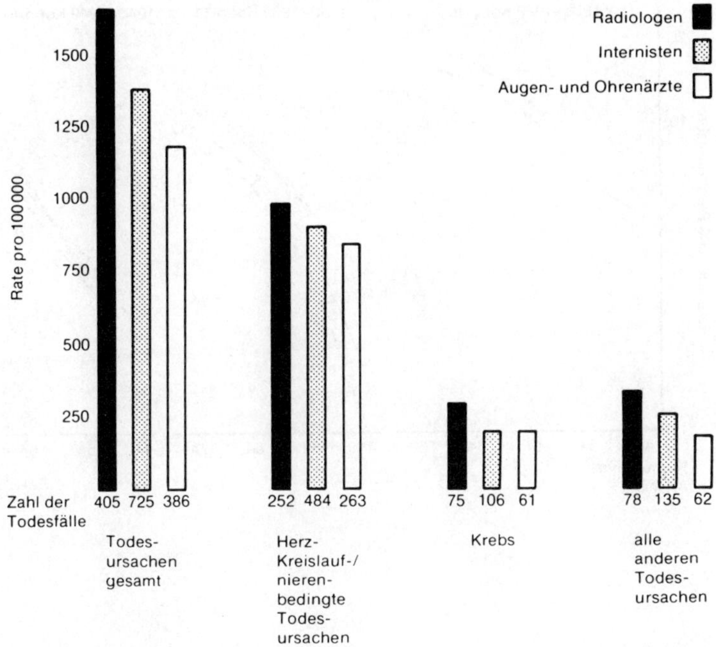

Abb. 16: Altersstandardisierte Sterberaten für Mitglieder verschiedener Fachärztegruppen in den Jahren 1945–54. Altersgruppe: 35–79 Jahre. Nach: R. Seltser und P. E. Sartwell, Amer. J. Epidemiology 81, 1965, S. 12.

Nun wäre natürlich zu fragen, ob eine niedrigere Strahlendosis auch mit weniger Krebs und eine höhere Strahlendosis mit einem stärkeren Auftreten von Krebs einhergingen. Hierzu gab es leider nicht die erforderlichen Angaben zur Höhe der Strahlendosis, die die Ärzte abbekommen hatten. Eine andere Möglichkeit war jedoch, die Sterblichkeit in Abhängigkeit vom Eintritt in die Radiologengesellschaft zu untersuchen, unter der Annahme, daß mit zunehmender Erkenntnis der Gefährlichkeit der Strahlen auch die Exposition abgenommen hat. In diesem Zusammenhang war ein wichtiger Einschnitt, daß im Jahre 1939 verstärkte Schutzbestimmungen für Röntgenfachärzte eingeführt worden waren. So machte man sich also daran, die Gruppen nach den Eintrittsdaten 1920–1929, 1930–1939, 1940–1949, 1950–1959 und 1960–1969 miteinander zu vergleichen. Dieser Vergleich ergab, daß bei denen,

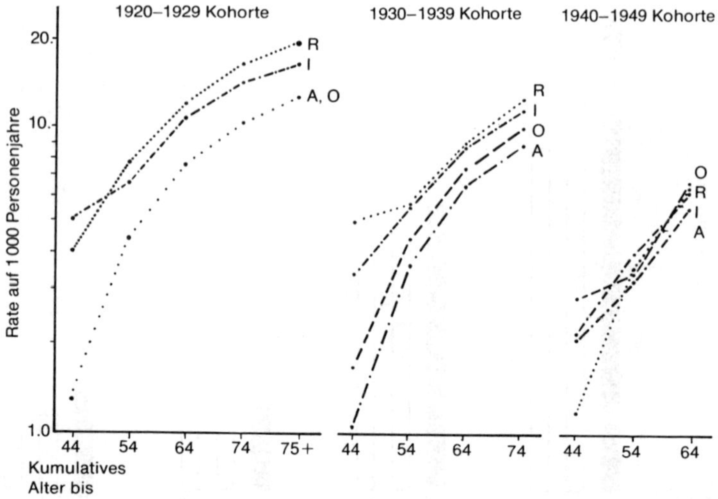
1920–1929 Kohorte
1930–1939 Kohorte
1940–1949 Kohorte
Rate auf 1000 Personenjahre
20.
10.
1.0
R
I
A, O
R
I
O
A
O
R
I
A
44
54
64
74
75+
Kumulatives
Alter bis

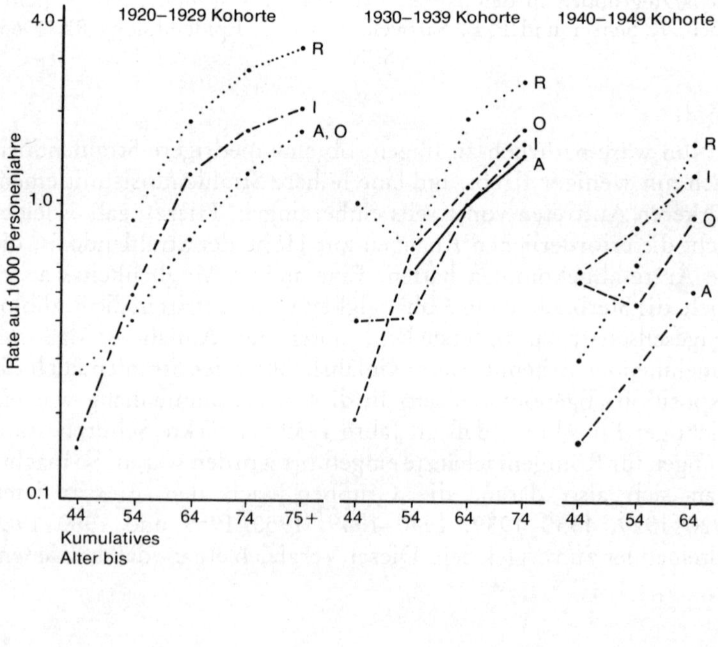
1920–1929 Kohorte
1930–1939 Kohorte
1940–1949 Kohorte
Rate auf 1000 Personenjahre
4.0
1.0
0.1
R
I
A, O
R
O
I
A
R
I
O
A
44
54
64
74
75+
Kumulatives
Alter bis

die vor 1939 in die Gesellschaft eingetreten waren, nicht nur die Krebsraten, sondern auch alle anderen Todesursachen bis zu dreimal häufiger waren. Nun war allerdings eine Schwierigkeit, daß bei den nach 1939 eingetretenen Ärztegruppen die Beobachtungszeit noch nicht lange genug war und damit auch die hohen Altersgruppen in den Jahren nach 1960 noch gar nicht erreicht waren, so daß nur Vergleiche mit den vergleichbaren Daten angestellt werden konnten, das heißt nach Standardisierung und Korrektur der Altersunterschiede. Trotzdem ergab sich, wie aus den Abbildungen 17 hervorgeht, ein sehr deutlicher Hinweis darauf, daß die Sterbewahrscheinlichkeit bei den vor 1929 eingetretenen Ärzten besonders hoch war, niedriger bei den 1930 bis 1939 und am niedrigsten bei den nach 1940 in die Fachgesellschaft eingetretenen Personen. Das gleiche galt, wenn auch in weniger starkem Maße, sogar für die Hals-, Nasen- und Ohren- und Augenärzte. Hier zeigte sich also, daß neben der Strahlenwirkung auch noch andere mögliche Einflußfaktoren eine Rolle spielen könnten, nämlich die Zugehörigkeit zu einer Geburtsjahrgangskohorte. Das bedeutet, daß die zu beobachtenden Sterblichkeits- und Krebsraten desto höher waren, je früher die Mitglieder einer der Fachgesellschaften geboren waren. Dieses bemerkenswerte Phänomen der Abhängigkeit von Krebsraten vom Geburtsjahrgang beschäftigt die Krebsforschung seit einiger Zeit und weist sehr stark darauf hin, daß neben einzelnen Ursachen, die man zu finden bemüht ist, auch noch andere Einflußgrößen eine große Rolle zu spielen scheinen, wie z. B. die Verhältnisse in der Kindheit und die Auswirkungen anderer Krankheitsformen und Todesursachen, die auf eine Geburtsjahrgangskohorte im Laufe des gesamten Lebens einwirken können. Es handelt sich um sog. konkurrierende Risiken und nicht zuletzt um bisher noch unbekannte Einwirkungen in Zeiten, wo man noch keine Messungen und Bestimmungen durchführte und für die daher noch keine Un-

Abb. 17: Trends der Sterberaten von drei nacheinander (1920–29, 1930–39 und 1940–49) in die Fachgesellschaften eingetretene Ärztegruppen.
Obere Abbildung: Trends der Raten für alle Todesursachen gemeinsam
Untere Abbildung: Trends für Krebs als Todesursache
R = Radiologen
I = Internisten
A, O = Augen-, Ohrenärzte (z. T. zusammengefaßt)
Aus: G. Matanoski et al., Amer. J. Epidemiol. 101, 1915, S. 195

terlagen über Risikofaktoren vorliegen. Nur mit Hilfe der Befragung einzelner Patienten, die an den zu untersuchenden Krankheiten leiden, können solche Angaben aus der Vergangenheit noch erfaßt werden. Das ist die Aufgabe von Fall-Kontroll-Studien, die ein wichtiges Instrument der Krankheitsursachenforschung sind. Dabei werden die innerhalb einer Kohortenstudie aufgetretenen bzw. entdeckten Krebs*fälle* als Ausgangsbasis für eine detaillierte Fall-Kontroll-Studie betrachtet.

Für die Untersuchung des Strahlenrisikos bei anderen Berufsgruppen, die sehr niedrigen Dosen gegenüber exponiert sein dürften, wurde inzwischen eine besonders umfangreich dimensionierte Studie unter 250000 Angehörigen der Marine begonnen, von denen etwa 90000 seit 1950 über bestimmte Perioden ihres Lebens im Bereich der Atom-U-Boote tätig gewesen sind.

XI. FALL-KONTROLL-STUDIE

Is your study to be retrospective or prospective? If the former, the replies will be general, vague und I fear of little value.

(William Farr, 1837)

Die Beliebtheit der retrospektiven Vorgehensweise bei der Ursachensuche, deren Wert Farr mit der Befürchtung „. . . die Antworten werden allgemein, vage und von geringem Wert sein“ so skeptisch beurteilt, hat ständig zugenommen. Diese Studienform steht heute wegen der weiter oben geschilderten Vorteile bereits an unangefochtener Stelle, wenn es um die Suche nach Hinweisen auf exogene oder durch Lebensgewohnheiten bedingte Krankheitsursachen geht. Wie anders auch will man die entscheidende Information über die vor der Krankheit zu suchenden Ereignisse und Expositionen gewinnen als mittels der Befragung von bereits Erkrankten nach möglichst vielen Umständen und Faktoren, deren Vorkommen als mit der Krankheit assoziierbar vermutet wird.

Als Kind der Epidemiologie hat Cole (1976) deshalb die Fall-Kontroll-Studie bezeichnet, deren wichtigster Teilaspekt in dem Begriff „Kontroll-“ [1] steckt ebenso wie in der generellen Bezeichnung „Retrospektive Studie“ – also zurückblickend vom Effekt, der Krankheit, – hin zur Ursache, der Causa.

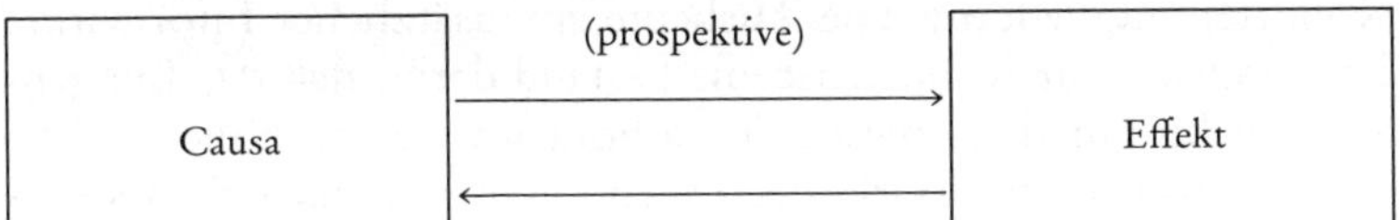

Ziel der retrospektiven Studie muß sein, das gleiche Ergebnis zu gewinnen, welches eine prospektive Studie erbracht hätte, wäre sie

[1] Damit ist nicht gesagt, daß Kontrollpersonen oder die Vergleichsgruppe wichtiger als die „Fälle“ sind, ebensowenig wie die Krankheitsfälle als wichtiger angesehen werden können und die Kontrollen nur als ein notwendiges Übel, um den formalen wissenschaftlichen Kriterien zu genügen.

möglich gewesen. Die Fall-Kontroll-Studie ist deshalb nicht unbedingt eine Notlösung (wegen der kostengünstigeren Durchführung und kürzeren Laufzeit), sondern das Mittel der Wahl, um vorhandene Information von den Kranken zu erheben und ein bereits abgelaufenes natürliches Experiment sinnvoll auszuwerten. Viele theoretische Beiträge zur Verbesserung der Methodik von Fall-Kontroll-Studien stammen von Miettinen und sind entsprechend in Standardwerke über diese epidemiologische Methode aufgenommen worden. Liddell und Thomas (1977) haben am Beispiel der Asbeststaubgefährdung von Berufsgruppen und Teilen der Gesamtbevölkerung eine interessante Gegenüberstellung von Kohorten- und Fall-Kontroll-Studien gegeben, in der die Gewichte neu verteilt werden, indem der bis dahin unangemessenen Bevorzugung von prospektiven Studien entgegengetreten und eine Reihe von Verzerrungsmöglichkeiten bemängelt wird. Vom kostenmäßigen Aufwand gesehen könnte eine gut konzipierte Fall-Kontroll-Studie verhältnismäßig mehr Information liefern – zumindest im Hinblick auf die immer dringlicher gesuchten Dosis-Wirkung-Beziehungen zwischen Asbest und Lungenkrebs. Die Autoren erwähnen allerdings, daß zur Gewinnung der für die Detailstudie notwendigen Krebsfälle (und auch der Kontrollpersonen aus dem gleichen Milieu) eine komplette Kohorte definiert und mit dem Follow-up untersucht werden muß. Die genauen Arbeitsanamnesen, Rauchervorgeschichte und ähnliche relevante Informationen bräuchte man dann nur noch von den Krebsfällen und den bis zu 4 Kontrollpersonen zu erheben (im Falle der kanadischen Studie waren es 215 Fälle und die 5fache Zahl von Kontrollpersonen anstelle von über 10000 Kohortenmitgliedern). Die Ausbeute an zusätzlicher Information im Vergleich zur Kohortenstudie bestand darin, daß das Lungenkrebsrisiko nur dann wesentlich erhöht war, wenn hohe Asbeststaubexposition und starkes Rauchen zusammen einwirken konnten. Zur Staubexposition ließ sich mit diesem Studienansatz genauer differenzieren, daß ab 8 Milliarden Partikeln pro m^3/Jahr das relative Risiko bedeutend anzusteigen begann, allerdings ohne Berücksichtigung des Rauchens.

Das Vorgehen mittels eines kombinierten Ansatzes von Kohortenstudie und detaillierter Fall-Kontroll-Analysen anhand der gefundenen Krebsfälle ist als Hybridstudie bezeichnet worden und hat sich auch bei Studien in der Gummiindustrie bewährt (Keil 1981), wobei die spezifischen und risikoträchtigen früheren Arbeitsbereiche von 164 Todesfällen an seltenen Krebsformen in den

USA mittels einer genauen Analyse der Arbeitsanamnesen und der durchschnittlichen Schadstoffexpositionen erkannt wurden.

Welchen Informationswert eine Fall-Kontroll-Studie haben kann, wurde von Cole an einem beispielhaften Vergleich von zwei Auswertungen des gleichen Datenmaterials durch einen Kliniker, der die herkömmliche Statistik verwendete, und durch einen Epidemiologen mittels des Fall-Kontroll-Ansatzes demonstriert (Johnson und Johnson, 1975, Cole, 1976). Um den Einfluß der Entfernung der Gaumenmandeln (Tonsillektomie) auf die Entstehung einer bösartigen Lymphdrüsenerkrankung, den Morbus Hodgkin, zu untersuchen, wurde zunächst eine klinisch kontrollierte Studie durchgeführt. Da die Ursache des M. Hodgkin, einer Krankheit, die mit Schwellung der Lymphdrüsen im gesamten Körper beginnt und oft zum Tode führt, noch unbekannt ist, sollte geprüft werden, ob die Tonsillektomie ein Risikofaktor sein könnte. Im Rahmen dieser Studie wurden 174 Patienten einer Klinik, die dort zur Behandlung des M. Hodgkin eingewiesen waren, daraufhin untersucht, ob bei ihnen eine Tonsillektomie vorgenommen worden war oder nicht. In der Tat waren bei 52 % der Patienten die Mandeln entfernt worden, und die Untersucher befragten folgerichtig zu jedem der 174 Patienten einen möglichst nahestehenden Partner, der noch nicht an der Krebskrankheit litt und somit als Kontrollperson geeignet war, nach dem Vorliegen der Tonsillektomie. Dabei wurden die Geschwister der Patienten benutzt, wobei sogar sehr sorgfältig darauf geachtet wurde, daß von den insgesamt 472 Geschwistern jeweils diejenigen als Kontrollperson ausgewertet wurden, die dem Patienten im Alter am nächsten standen. Dieses Vorgehen war statistisch gesehen einwandfrei, sollte sich jedoch später als fehlerträchtig herausstellen, und zwar im Sinne eines "Overmatching". Wie meistens in solchen Fällen üblich, hatten die Eltern in vielen Fällen, als über die Tonsillektomie ihrer Kinder entschieden wurde, das fast gleichaltrige Geschwisterkind gleichzeitig mitoperieren lassen, so daß in einer verhältnismäßig großen Zahl entweder beide Geschwister tonsillektomiert oder beide nicht operiert waren. Durch den Versuch, altersmäßig möglichst vergleichbare Kontrollpersonen zu finden, war die Population dieser Vergleichspersonen stark mit Tonsillektomien angereichert, und diese mußten zwangsläufig das Ergebnis der Studie verfälschen: Tonsillektomie hatte – statistisch gesehen – keinen Einfluß auf die Erkrankung an Morbus Hodgkin.

Nach formalen statistischen Gesichtspunkten war diese Studie richtig angelegt und ausgewertet worden. Um diesen formalen Vorschriften zu genügen, war sogar aus der Gesamtzahl der Patienten noch einmal ein Unterkollektiv ausgewählt worden, in dem Fälle und Kontrollen die teilweise strengen Anforderungen des Matching (Geschlechts- und Altersübereinstimmung im Schwankungsbereich von 3 Jahren) nur in 85 Patienten-Kontroll-Paaren erfüllten. Ein in klinischen Studien üblicher Vergleich von Prozentzahlen (48% Patienten mit Tonsillektomie gegenüber 39% der Vergleichsgruppe) ergab bei Prüfung mit einem statistischen Test keinen deutlichen Unterschied. Die Berechnung des relativen Risikos erbrachte den Wert von 1.5, der jedoch bei Überprüfung durch einen statistischen Test nicht signifikant erhöht war.

Unter dem Aspekt, daß die Zahl der Patienten bei der strengen Auswahl bereits zu klein wurde, um eine sichere Aussage machen zu können, und daß das Kontrollkollektiv offensichtlich durch die Auswahl etwa gleichaltriger Geschwister verfälscht worden war, wurde das gesamte Material der bereits publizierten Studie von einem Epidemiologen nochmals analysiert. Hierbei wurden alle 174 Patienten aufgenommen, auch solche, die keine „strengen" Kontrollpartner hatten. Im Gegenteil, die in der Publikation genannte Anzahl von 473 Geschwistern, von denen nur 35% eine Tonsillektomie angaben, wurde in den Vergleich einbezogen. Bei der gleichen Berechnung wie zuvor ergab sich jetzt ein wesentlich kleinerer Prozentsatz von Operierten unter den Kontrollpersonen (35 %) als unter den Patienten (52%), wobei auch die Zahl der Personen in den beiden Gruppen wesentlich höher war, so daß der statistische Test eine solidere Basis hatte.

Das relative Risiko ergab jetzt den Wert 2.0 und war damit gegenüber der Kontrollgruppe deutlich erhöht; der statistische Test wies darauf hin, daß der Unterschied signifikant ist. Nach Auswertung dieser Angaben scheint sich zu ergeben, daß Tonsillektomie ein Risiko für das spätere Auftreten des Morbus Hodgkin darstellen könnte. Hier findet sich übrigens wieder die berechtigte Frage nach dem Nutzen, den Eingriffe in die Körperfunktionen von Menschen auf lange Sicht haben.

Wie bereits früher am Beispiel der Nebenwirkungen von Impfungen ausgeführt wurde, kann die Epidemiologie dazu beitragen, langfristige Auswirkungen von medizinisch durchaus als berechtigt geltenden Eingriffen zu untersuchen. Diese epidemiologische Studie diente beispielsweise der Suche nach einem Risikofaktor, der sich eventuell auch als eine wesentliche Krankheitsursache herausstellen könnte. Eine Risikorate von 2.0 spricht allerdings nicht für einen wesentlichen kausalen Effekt, auch wenn eine Assoziation zwischen dem Faktor Tonsillektomie und der anschließend daran auftretenden Krankheit nachgewiesen wurde. Nicht alle Assoziationen müssen kausal sein; es kann auch sein, daß assoziierte Phänomene deswegen auftreten, weil sie gemeinsam von einem dritten Faktor abhängen, der sie miteinander verbindet. Dennoch ist es logisch, bei der Suche nach Krankheitsursachen zuerst nach allen auffindbaren Assoziationen zu suchen. Findet sich eine solche, dann stehen weitere Untersuchungsmethoden zur Verfügung, die den kausalen Zusammenhang prüfen und absichern können (z. B. eine prospektive Studie unter Tonsillektomierten).

Die Auswertung nach dem dualen Ansatz, einmal in streng statistischer und zum anderen in logisch-epidemiologischer Richtung, hat ergeben, daß sich durch Anwendung strenger Auswahlkriterien nicht nur ein Nebeneffekt ergibt, indem wichtige Information verschenkt wird, sondern auch daß sich Fehler einschleichen können, die vermeidbar wären, wenn man die ganze Breite epidemiologischer Überlegungen angewandt hätte. Im Prinzip kommt es doch in der Epidemiologie darauf an, Inzidenzen zu vergleichen, und nicht so sehr, auf die Durchführung statistischer Tests hinzuarbeiten. Bei einem Vergleich von Inzidenzen, wie in diesem Falle des Auftretens von Morbus Hodgkin nach Tonsillektomie, ist eine gemischte Kontrollgruppe nicht erforderlich, um sich nicht der wesentlich wichtigeren repräsentativen Vergleichsgruppe (repräsentativ etwa für die gesamte Bevölkerung) zu berauben. Unter der Prämisse, daß eine Fall-Kontroll-Studie dasselbe Ergebnis wie eine Kohortenstudie haben sollte und nur anstelle einer Kohortenstudie durchgeführt wird, sollte man daher immer an die Bedeutung der Auswahlverfahren und ihrer Verzerrungsmöglichkeiten denken. Aus diesem Grunde gilt es auch als weit schwieriger, geeignete Kontroll-Populationen für die eindeutig definierten Fälle in einer Fall-Kontroll-Studie zu finden. Als ein durchaus akzeptabler Ansatz gilt daher inzwischen, bis zu vier Kontrollpersonen zu einer Fallgruppe auszuwählen, wobei die Kontrollfälle möglichst verschiedener Herkunft sein sollten. Als ein beliebter Weg der Auswahl von Kontrollpersonen in der Krebsforschung gelten Nachbarschaftskontrollen, direkte Angehörige oder Verwandte und eine zufallsbedingte Auswahl geeigneter Kontrollpersonen aus der Gesamtbevölkerung. Durch solche Kontrollpersonen werden zunehmend die bisher üblichen „Krankenhauskontrollen“ ersetzt, deren Beliebtheit wohl vorwiegend daher rührt, daß der Zugang zu Patienten am bequemsten in den Krankenhäusern zu sein scheint, in denen auch die Fälle einer Studie interviewt werden.[2]

Mit der zunehmenden Nutzung von Krebsregistern wurde in der Krebsforschung inzwischen auch damit begonnen, Patienten mit anderen Krebsformen als Kontrollpersonen zu betrachten, wenn nur ausgeschlossen werden kann, daß sie an der Krebsart leiden, durch die die Fallgruppe definiert ist.

Wichtig ist bei der Auswahl der Kontrollen immer, daß man mit der geeigneten Konzeption möglichst rationell und mit größtmöglicher Wahrscheinlichkeit zu den für die Beantwortung der Fragestellung wichtigen Informationen kommt und daß eine Verzerrung durch die Auswahl der Kontrollpersonen weitgehend ausgeschlossen werden kann. Für die Tatsache, daß die Bedeutung der Methode für Fall-Kontroll-Studien inzwischen erkannt wurde, spricht, daß inzwischen drei Lehrbücher zu diesem Bereich der epidemiologischen Forschung erschienen sind (Breslow und Day, Kleinbaum und Kupper, Schlesselmann).[3] Wesentliche statistische Grundlagen wurden in den 50er Jahren von *Cornfield* und *Mantel* und *Haenszel* ausgearbeitet (Mantel und Haenszel, 1959).

[2] Eine berüchtigte Fallgrube bei dieser Methode ist der Berksonsche Trugschluß. Berkson wies 1946 nach, daß aufgrund der möglichen Selektionseinflüsse bei der Zusammensetzung von Krankenhauskollektiven sehr häufig Verzerrungen auftreten können, d. h., daß Patientenkollektive nicht für die Gesamtbevölkerung repräsentativ sind. Mainland hat diese Möglichkeit anschaulich quantifiziert und auf die Verzerrungsarten hingewiesen, darunter die Tatsache, daß Patienten mit zwei Krankheiten bereits mit größerer Wahrscheinlichkeit in einem Krankenhaus zu finden sein können als andere. Dieses Phänomen gibt zu scheinbaren Zusammenhängen Anlaß (spurious associations) und führte zu dem berühmten Streit um die negative Beziehung zwischen Tuberkulose und Krebs, die ebenfalls "spurious" sein soll, weil Personen mit aktiver Tuberkulose in den 20er Jahren mit größerer Wahrscheinlichkeit zur Obduktion kamen und damit unter den Kontrollen einer Studie häufiger vorkamen als unter ebenfalls obduzierten Lungenkrebsfällen (Mainland, 1953).

[3] Das Buch ›Case-Control Studies‹ von Schlesselmann vermittelt einen Einstieg in viele mathematische Aspekte der Auswertungsmethode, wogegen Breslow und Day im Rahmen einer umfassenden Darstellung das Hauptgewicht auf biostatistische Aspekte legen (weswegen ihr Buch sogar als Lehrbuch für Biostatistiker apostrophiert wurde). Kleinbaum und Kupper legen vor allem Wert auf didaktische Elemente, die sich auch in einer vorzüglichen Darstellung und Vermittlung wichtiger Prinzipien äußern.

XII. AKTUELLE EPIDEMIOLOGIE

1. Das Vorgehen bei akuten Gesundheitsgefährdungen

Ein ganz einfaches Beispiel für ein tägliches epidemiologisches Problem und die Möglichkeiten der Auflösung und Aufdeckung der Ursache für eine kleine Epidemie läßt sich mittels der Untersuchung der Ursache einer Nahrungsmittelvergiftung demonstrieren.

Wie bereits unter „wer, wo, wann" ausgeführt, genügt es nicht, Krankheitsfälle nur zusammenzustellen. Vielmehr muß darüber hinaus die Frage beantwortet werden, wer aus wie vielen Personen betroffen ist, wo und wann er erkrankte. Erst hiermit sind die wichtigsten Angaben für die deskriptive Epidemiologie vorhanden, mit deren Hilfe man auch bereits analytisch-epidemiologische Untersuchungen durchführen kann.

Ein typisches Vorkommnis: In einem Bazar einer Wohltätigkeitsveranstaltung mit gemeinsamem Essen in einem Club einer kleinen Stadt entsteht eine Mikroepidemie. Zwei Tage nach der Veranstaltung beobachtet ein Arzt mehrfach ein übereinstimmendes Krankheitsbild bei solchen Patienten, die ihm auf Nachforschungen hin mitteilen, daß sie vor zwei Tagen an dem Clubfest teilgenommen haben. Hiermit hat der Arzt schon den gemeinsamen Nenner aller Betroffenen festgestellt. Zur Aufdeckung der Krankheitsquelle allerdings wird eine epidemiologische Untersuchung nach einem Standardverfahren erforderlich, das mit dem Sammeln von Informationen beginnt und mit der Auswertung und Einengung der möglichen Quelle der Epidemie endet. Dabei wird oft erforderlich, telephonisch oder im direkten Gespräch zu einzelnen Personen, selbst wenn diese nicht erkrankt sind, vorzudringen und von ihnen Informationen zu erheben. Sollten sie zu der Risikobevölkerung gehören, die an einer solchen Veranstaltung teilgenommen haben, so sind sie ebenso wichtige Informanten, wenn sie auch nicht erkrankt sind, wie Personen mit dem entsprechenden Krankheitsbild. Hierin liegt der Unterschied zur Tätigkeit des Arztes und den klinischen Studien mit Patienten mit einer bestimmten Krankheit und dem Vergleich von Behandlungsergebnissen unter Patientengruppen.

Diese Untersuchungsform wurde sogar als „Schuhsohlen"-Epidemiologie bezeichnet, da sich im Verlauf der Erhebung von Daten ein bestimmtes Maß von Laufereien und persönlichen Besuchen nicht vermeiden läßt. Die Berechtigung dieses Ausdrucks ergibt sich, wenn man sich die erforderlichen Schritte vergegenwärtigt:

1. Feststellung aller an der Veranstaltung beteiligten Personen;
2. Persönlicher Kontakt mit jeder Person und deren Befragung nach den aufgetretenen Beschwerden und den während des Essens genossenen Speisen;
3. Suche nach der Quelle der Infektion durch Kreuztabulierung der Angaben einzelner Personen aus ihren Fragebögen.

Dabei ging es um die Erhebung der subjektiven Beschwerden, wie sie bei den ersten beobachteten Krankheitsfällen aufgetreten waren, wozu Schmerzen, Fieber, Übelkeit und Durchfall, Erbrechen und Krankheitsgefühl gehörten. Diese Symptome sollten zur Identifikation der Krankheitsfälle führen, wobei man zwischen subjektiven Beschwerden (Schmerzen, Unwohlsein und Übelkeit) und objektiven Symptomen (Fieber, Durchfall, Erbrechen) unterscheiden mußte.

Mit der Erfassung von Krankheitsfällen, die man auf eine Gesamtrisikobevölkerung beziehen kann, wird die Berechnung einer Inzidenz oder Attackrate möglich. Die nahrungsmittelspezifische

$$\text{Attackrate} = \frac{\text{Anzahl der Personen, die eine Speise gegessen haben und krank wurden}}{\text{Gesamtzahl der Personen, die die Speise gegessen haben}}$$

Mit Hilfe solcher Attackraten für jede in Frage kommende Speise kann man diejenigen Speisen einengen, die am höchsten mit aufgetretenen Krankheitsfällen assoziiert sind. Nach dem notwendigen ersten Schritt, dem Feststellen der Inzidenzen, besteht der zweite Schritt in der Feststellung des ursächlichen Faktors. Dazu dient die Benennung der gegessenen Speisen durch jede Person auf ihrem Fragebogen, der alle bei der Veranstaltung angebotenen Speisen und Gerichte enthält. Von den Fragebögen kann die Information auf eine Liste übertragen werden, wenn es sich um weniger als 100 Personen handelt; anderenfalls ist die Verwendung von Randlochkarten oder Lochkarten oder der Einsatz von Rechnern durchaus zu empfehlen.

Die Zusammenführung der gewonnenen Informationen von allen Personen zur Erkennung der Ursache ist der dritte Schritt. Von

Tab. 5a:

Art der Speise	Speise gegessen: ja – Gesamt	ja – davon krank	ja – davon nicht krank	ja – Attack-rate (%)	nein – Gesamt	nein – davon krank	nein – davon nicht krank	nein – Attack-rate (%)
Kartoffelsalat	65	54	11	83	20	6	14	30
Nudeln	34	26	8	76	51	34	17	67
Eiersalat	56	40	16	72	29	20	9	69
Frikadelle	63	49	14	78	22	11	11	50
Speiseeis	40	31	9	78	45	29	16	64
andere Speisen	79	57	22	72	6	3	3	50

Tab. 5b:

	Kartoffelsalat und Frikadelle	nur Kartoffelsalat	nur Frikadelle	weder K noch F	Gesamt
krank	46	8	3	3	60
nicht krank	7	4	7	7	25
	53	12	10	10	85
Rate d. Kranken	87 %	66 %	30 %	30 %	

Die beiden auffallenden Speisen werden in einer Kreuztabelle nochmals verglichen. Das Ergebnis stammt aus Einzelangaben und Kombinationen beider Speisen.

der erwähnten Liste, in der für jede Person einzeln die Zahl und Art der genossenen Speisen hervorgehen, werden nun die Inzidenzraten pro genossener Speise entnommen.

In dem hier gewählten Beispiel handelt es sich um 85 Teilnehmer an einer solchen Veranstaltung, von denen 61 Personen erkrankt waren und weitere 24 Personen von Symptomen frei blieben. Tabelle 5 gibt die aus den Fragebögen in der Urliste zusammengeführten Angaben komprimiert wieder; die einzelnen Beschwerden wurden zur Kategorisierung krank oder nicht krank verwendet, während die Attackraten aus dem Anteil der Erkrankten pro Person entstehen, die eine Speise gegessen haben. In der zweiten Abteilung der

Tabelle sind die Erkrankungsraten der Personen, die nicht gegessen haben, angeführt. Von 65 Personen, die Kartoffelsalat aßen, sind anschließend 54 erkrankt (Attackrate 83 %). Für die übrigen Speisen lagen die Raten zwar über 70 %, doch viel niedriger, wenn die Speisen *nicht* gegessen wurden. Am niedrigsten lag diese Rate, wenn Kartoffelsalat *nicht* gegessen wurde (30 %). Aus der Differenz von über 50 % (83 % – 30 %) zeigt sich der entscheidende Anstieg der Erkrankungswahrscheinlichkeit bei dieser Speise. Die weitere Auswertung betrifft nun die Kreuztabellierung der Angaben von Tab. 5a, und zwar nach krank und nicht krank, gleichzeitig jedoch die besonders unterschiedlichen Speisetypen. Da gab es also Kranke, die Kartoffelsalat und gleichzeitig Frikadelle gegessen hatten, dann solche, die nur die eine oder die andere Speise und ein Restgruppe, die nichts von beiden verzehrten. Die komplementäre Gruppe sind alle Nichterkrankten, in gleicher Weise aufgeteilt. Die vierte Zeile der Tabelle zeigt die jeweilige Attackrate. Man erkennt, daß

1. die Kombination der beiden Speisen Kartoffelsalat und Frikadelle die höchste Rate ergab (87 %), wogegen
2. das Hinzufügen von Kartoffelsalat zur Frikadelle einen Anstieg von 30 auf 87 % zur Folge hatte, während umgekehrt Frikadelle zum Kartoffelsalat nur eine Erhöhung um 21 % (von 66 auf 87 %) bewirkte.

Hiermit war die Krankheitsquelle erkannt, und der Kartoffelsalat wurde einer Laboruntersuchung zugeführt. Es stellte sich heraus, daß er während der Zubereitung infiziert worden war. Aber nicht nur ein infektiöser Keim, sondern ebensogut ein Gift, ein sog. Toxin, oder eine nicht ohne weiteres verträgliche chemische Substanz hätte zu den Krankheitssymptomen führen können. Ein recht aktuelles Beispiel für einen solchen Vorgang war das Unglück von Seveso, bei dem eine ganze Bevölkerung mit einem berüchtigten Giftstoff aus einer Wolke berieselt wurde, die infolge eines Unfalls entstand. Aufgrund sehr eindeutiger Symptome bei Kindern (und den viele Todesfällen bei den empfindlicheren Haustieren) erkannte man die Ursache verhältnismäßig schnell.

Viel schwieriger ist es, wenn bis dahin unbekannte, schnell wirkende Krankheitsursachen sozusagen überraschend auftauchen.

2. *Infektionskrankheiten-Epidemiologie*

Ein besonders treffendes Beispiel für die Notwendigkeit und die Aktualität des Einsatzes der epidemiologischen Methoden ist die Legionärskrankheit (Legionellose), die 1976 wie eine neue Krankheit aufzutauchen schien. Die Entdeckung der Ursache dieser mysteriösen Epidemie ist auch ein Beispiel für den Einsatz des gesamten modernen Wissens und die geringe Rolle der reinen Statistik in dieser Forschungsrichtung.

Der Schauplatz war das Bellevue Hotel in Philadelphia, wo über 4000 ehemalige Soldaten, Mitglieder der American Legion, und ihre Angehörigen zum 58. Jahrestreffen zusammenkamen, ohne zu ahnen, daß dieses Treffen in die Geschichte der Medizin eingehen würde. 149 von ihnen erkrankten an einer rätselhaften Krankheit mit den Hauptsymptomen Fieber, Husten und Lungenentzündung. Bemerkenswert war der schlagartige Ausbruch dieser Krankheit bei allen und das Fehlen bekannter und damit beherrschbarer Erreger. Die von der Presse als Legionärskrankheit getaufte Epidemie wurde ein Musterfall für die Komplexität der Ursachenforschung selbst bei nur einem ursächlichen Faktor und gleichzeitig eine Herausforderung an die Forscher (Fraser und McDade, 1979).

Der erste Schritt war, wie bei jeder Epidemie, die Charakterisierung typischer Merkmale, wie z. B. die Beantwortung der Fragen, wer wo und wann erkrankte. Weitere Fragen: Was es denn eigentlich war, was die später Erkrankten von denjenigen unterschied, die gesund blieben, obwohl sie auch dabei waren, und welche Ereignisse für alle Erkrankten gemeinsam in der Phase vor dem Auftreten der Symptome zu finden waren. Hier beginnt die „Schuhsohlen"-Epidemiologie, so genannt danach, daß ein oder mehrere Untersucher viel laufen müssen, um – wie weiland John Snow gleichsam von Haus zu Haus Cholerafälle zählend – die notwendigen Informationen von *allen* Beteiligten zu erheben. Diese gesamte Gruppe wird als Risikobevölkerung zusätzlich zu den erkrankten Personen dringend benötigt. Gleichzeitig ergibt sich hier ein Beispiel für die mühevolle Kleinarbeit bei dieser Art des Vorgehens (Friedman, 1974). Jedem einzelnen Hinweis, der eine ursächliche Rolle spielen könnte, muß ja nachgegangen werden, und die Erfassung der gesamten Risikogruppe ist oft nicht einfach, da sich meistens nur die betroffenen Personen, nicht dagegen die gesund gebliebenen Personen finden lassen. Ein Pluspunkt für solche Untersuchungen ist jedoch, daß bei derartigen Veranstaltungen meistens

Listen der Teilnehmer vorliegen, die als Grundlage für die Zusammenstellung der Risikobevölkerung gelten können.

Inzwischen häuften sich nicht nur die Meldungen neuer Krankheitsfälle (die Inzidenz), die schließlich auf 221 anstiegen, sondern auch erste Todesfälle waren zu beklagen, die trotz moderner Behandlungsmöglichkeiten auftraten. Damit wurde diese „Seuche" eine Angelegenheit des staatlichen Center for Disease Control der USA in Atlanta. Es ging jetzt wirklich um Leben und Tod. Insgesamt starben 34 von 221 Kranken, eine Letalität von über 15 %, wobei ältere Personen in einem höheren Maße betroffen waren als jüngere. Wieder schien die Krankheit nicht von Person zu Person übertragbar zu sein (wie in der Impfstoffepidemie, s. Kap. V. 3), denn alle erkrankten Angehörigen von Veteranen waren auch in Philadelphia dabei gewesen.

Aber auch nicht an dem Treffen beteiligte Personen erkrankten; doch war allen gemeinsam, daß sie auch im Hotel gewesen waren. Speisen und Getränke konnten schnell ausgeschaltet werden (wobei man wie in der Lebensmittelepidemiologie vorging).

Das allen gemeinsame Element schien Anwesenheit im Hotel zu sein und insbesondere in der Lobby, da Krankheitsfälle öfter angaben, sich dort aufgehalten zu haben als nicht betroffene Personen. Jetzt konzentrierte sich das Interesse stark auf „etwas in der Luft, die alle eingeatmet hatten" und die wie in den USA üblich von einer Klimaanlage stammte. Die Hilflosigkeit wurde deutlich, als man nach etwas in dieser Luft suchen sollte und nicht wußte, nach was. Jetzt entsannen sich die Forscher der Bedeutung von Todesfällen bei früheren und ähnlichen unerklärten Krankheitsausbrüchen und der besonderen Bedeutung der jüngsten Todesfälle in dieser Epidemie. Von diesen gewann man nun Material aus den erkrankten Organen, also meist aus der Lunge, um möglicherweise etwas wie einen Erreger isolieren zu können. In der Tat gelang es nach mühevoller Arbeit mit bakteriologischen und mikrobiologischen Methoden und Übertragung von Material aus den Lungen auf Meerschweinchen, sowohl verdächtige Organismen bei den Tieren zu finden, als auch im Serum von Kranken Antikörper gegen die „Erreger" nachzuweisen. Noch war ja der kausale Charakter bei weitem nicht klar, aber ein Anfang schien gefunden. Und noch etwas ergab sich aus der epidemischen Kurve (Abb. 18): Die Inkubationsperiode – die Zeit vom ersten möglichen Kontakt mit dem Erreger in der Zeit von 21.–24. 07. bis zur Erkrankung – betrug zwischen 2 und 10 Tage. Damit kam man der Frage näher, welche Art von Erreger es sein

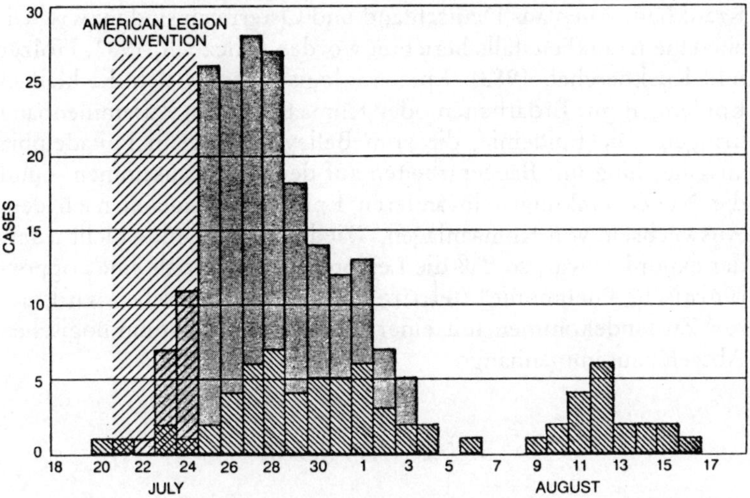

Abb. 18: Legionellose-Epidemie 1976 in Philadelphia. Attackrate anschließend an den Kongreß der American Legion (21–24. 7.) und epidemische Kurven für Gäste des Bellevue-Hotels (dunkle Säulen) und Personen, die in anderen Hotels wohnten (gestrichelte Säulen), aber auch im Kongreßsaal oder in der Lobby des Bellevue zusammenkamen (aus: Fraser und McDade, 1979).

könnte. Schließlich gelang es, als Ursache eine zwischen Viren und Bakterien einzuordnende Gruppe von Rickettsien zu identifizieren, wobei der bis dahin unbekannte Erreger mit Legionella pneumophila getauft wurde.

Die dem Verlauf ähnlichen, früheren rätselhaften Epidemien, wie 1968 das sog. Pontiac-Fieber, waren ebenfalls ganz eindeutig mit „verseuchter“ Klimaanlagenluft in Verbindung zu bringen, und auch hier half das Tierexperiment weiter. Zum Nachweis der krankmachenden Wirkung dienten den Luftströmen ausgesetzte Meerschweinchen; doch fanden sich selbst bei den erkrankten Tieren nie die Erreger. Zum Glück waren jedoch noch Blutseren der damaligen Fälle konserviert worden und für die serologischen Tests vorhanden. Hier zeigte sich nun, daß 31 von 37 Seren positiv mit den Legionärskeimen (die erst später Legionella pneumophila genannt wurden) reagierten und daß auch aus den eingefrorenen Meerschweinchenlungen die gleichen Keime isoliert werden konnten. Es handelte sich also um die gleichen geheimnisvollen neuen Erreger. Woher kamen sie so plötzlich?

Hier beginnt ein interessantes Kapitel, die Ökologie einer

Krankheit. Auch aus Deutschland und Österreich sind inzwischen einzelne Krankheitsfälle berichtet worden (Mlczoch, 1982, Holzer und Ruckdeschel, 1982). Epidemiologisch lassen sich die kleinen Epidemien mit Erdarbeiten oder Klimaanlagen in Zusammenhang bringen. Die Epidemie, die vom Bellevue-Hotel in Philadelphia ausging, hing mit Baggerarbeiten auf der Straße zusammen – und die Neuerkrankungen in anderen Epidemien endeten nach dem Auswechseln von Klimaanlagen. Wiederum erkrankte nicht jeder, der exponiert war, so daß die Legionärskrankheit als eine „opportunistische Pneumonie" (tertiäre Pneumonie) angesehen wird, deren Zustandekommen mit einer geschwächten immunologischen Abwehr zusammenhängt.

3. Die AIDS-Seuche

Auf der von einer Virusinfektion ausgehenden Immunabwehrschwäche soll ein neuer, sich seuchenartig ausbreitender Krankheitskomplex beruhen, das Acquired Immune Deficiency Syndrome (AIDS). Abgesehen von der ausgefallenen Art des mit diesem Syndrom einhergehenden malignen Tumors (einem Kaposi-Sarkom)[1] hat diese Epidemie sich bisher auffällig deutlich nur innerhalb bestimmter Risikogruppen abgespielt, und zwar unter den Gemeinschaften männlicher Homosexueller amerikanischer Großstädte (72 %), Drogensüchtigen, die sich intravenös spritzten (17%), und unter Einwanderern aus Haiti (4 %).

Die Ökologie dieser Krankheit war mehrere Jahre völlig unklar, obwohl das Sarkom als „typische" Krankheit galizischer Ostjuden, von Bewohnern Süditaliens und von Afrikanern, die südlich der Sahara leben, betrachtet wird. Somit wurde angenommen, es könnte sich in den USA um eine genetisch determinierte Variante des um die Jahrhundertwende bereits beschriebenen Kaposi-Syndroms handeln, und aufgrund der erblichen Konstitution könnten manche Menschen sowohl zur Homosexualität als auch zu dieser Krankheit neigen. Warum stieg die Häufigkeit aber dann erst in den letzten drei Jahren so sprunghaft an (von 6 Fällen 1979 über 43 und 215 in 1980 und 1981 auf 750 1982 mit 228 Todesfällen)? Inzwischen ver-

[1] Kaposi-Sarkom: Nach dem Wiener Dermatologen Moritz Kaposi (1837–1902) benannte bösartige Neubildung mit Lokalisationen in der Haut (Sarkoma idiopathicum multiplex haemorrhagicum).

doppelte sich alle sechs Monate die Erkranktenzahl, und von 14000 registrierten AIDS-Kranken verstarben bereits 520.

Kompliziert wird diese neue Epidemie durch das gleichzeitige Vorliegen anderer, „opportunistischer“ Infektionen der Lunge mit dem Cytomegalie-Virus und Pneumocystis carinii, zwei weitverbreiteten Keimen, die gewöhnlich als eher harmlos angesehen werden. Wegen der Hinweise auf Übertragbarkeit unter den betroffenen Gruppen ist diese neue epidemiologische Forschungsaufgabe zuständigkeitshalber dem Center for Disease Control (CDC) in Atlanta, Georgia, zur Aufklärung übertragen worden.

Einem Team des Nationalen Krebsforschungsinstituts der USA gelang im Frühjahr 1984, zeitlich parallel mit einem französischen Forscherteam, der entscheidende Schritt der Identifizierung eines Virus. Dieses Virus steht einem anderen Virustyp nahe, der mit einer Krebsform (der T-Zellenleukämie) in Verbindung gebracht wird. Besondere Eigenschaft dieser Virusform ist, daß sie wichtige Immunzellen (die T-Lymphozyten) befallen und zerstören und damit eine erhöhte Verwundbarkeit für Infektionen und Krebs schaffen. Die epidemiologische Seite von AIDS ist ebenso interessant: Wahrscheinlich trat es ganz zuerst in zentralen Teilen Afrikas auf, von wo es sowohl von belgischen und französischen Siedlern oder Touristen nach Europa als auch von Touristen aus Haiti in den karibischen Raum gebracht wurde. Durch amerikanische homosexuelle Touristen und männliche Prostitution in Haiti scheinen die Übertragungsbedingungen günstig gewesen zu sein. Schließlich wurden Serumanteile von Blutspendern aus Haiti als Blutgerinnungsfaktoren verwendet, die an Bluter (Hämophilie-Kranke) in den USA verabreicht wurden und das Auftreten von Fällen in dieser „Risikogruppe“ erklären könnten. Nach Feststellung eines Fachgremiums besteht für die allgemeine Bevölkerung der Bundesrepublik keine Seuchengefahr.

4. Epidemiologie des Diabetes

Diabetes mellitus, die Zuckerkrankheit, ist eine Stoffwechselerkrankung, die verschiedene Ursachen haben kann und oft bereits in der Jugend beginnt, so daß ein jahrzehntelanges chronisches Leiden resultiert. Die früher gefürchtete Zuckerkrankheit kann heute weitgehend behandelt werden, so daß sie nicht mehr notwendigerweise zu einem frühen Tod führt. Wenn man von Epidemiologie des Diabetes spricht, so geht es hier wiederum um die Erforschung der Ursachen für die noch unerklärliche Tatsache, daß bei vielen Menschen mit zunehmenden Alter eine Zuckerkrankheit auftritt. Ebenso wie bei der Erforschung anderer chronischer Krankheiten wird hier mit den gleichen Methoden vorgegangen, um den verhütbaren Ursachen näherzukommen. Es ist bekannt, daß bei dieser Krankheit auch eine starke genetische Komponente existiert, also erbliche Eigenschaften, wenn die Erkrankung zu einem früheren Zeitpunkt auftritt. Doch neben dieser mit juvenilem Diabetes bezeichneten Erscheinungsform der Stoffwechselkrankheit gibt es eine Reihe anderer, zum großen Teil mit Veränderungen der Gefäße des Kreislaufsystems einhergehender Formen, die möglicherweise beeinflußbar sind und deren Risikofaktoren bereits verhütet werden könnten.

Um die epidemiologischen Grundfragen „wer, wo und wann" für diese Krankheitsform beantworten zu können, reicht es nicht aus, die Mortalitätsstatistiken auszuwerten. Da Diabetes weit häufiger vorkommt, als er zur Todesursache wird, müssen andere Formen der Erfassung der Häufigkeit dieser Krankheit in der Bevölkerung angewandt werden. Hierbei ergibt sich bereits das Dilemma, welche Person als bereits sicher erkrankt zu bezeichnen ist und welche Person noch als nur mit einer erhöhten Zuckerausscheidung im Urin, aber ohne ernsthafte Erkrankung angetroffen wird. Wir erinnern uns, daß der Name Diabetes mellitus, also „honigsüßer Durchlauf", daher stammt, daß im Mittelalter die Ärzte die Diagnose stellten, indem sie den Urin des Kranken kosteten und bei entsprechend hoher Zuckerausscheidung einen süßen Geschmack (auch eventuell honigsüß?) feststellten, womit die Diagnose feststand. Dieses Phänomen des Ausscheidens von Zucker im Urin wird ja für die grobe Untersuchung auf Zuckerkrankheit auch heute noch mit den Teststreifen, die in jeder Apotheke erhältlich sind, genutzt. Wenn es jedoch zur massiven Ausscheidung von Glukose aus dem Blutserum in den Urin kommt, ist die Krankheit bereits weit fortgeschritten. Zur Feststellung eines Diabetes-Kranken muß daher eine Blutzuckerbestimmung im venösen Blut erfolgen. Dies kann heute groborientierend mit einer Mikromethode geschehen; andererseits ist zur Sicherung der Diagnose oft eine Zukkerbelastungsprobe erforderlich, die Blutproben in gewissen Abständen vor und nach einer Zuckereinnahme erfordert. Die Schwierigkeit ist nun, einen Grenzwert festzulegen, oberhalb dessen die Zuckerkrankheit als gesichert gilt, während Werte unter dieser Schwelle noch als normal akzeptiert werden. Ohne in Einzelheiten vordringen zu wollen, kann hier festgestellt werden, daß solche Grenzwerte in epidemiologischen Studien definiert werden müssen, um die sich daraus ergebende Prävalenz (bzw. Inzidenz) in der Bevölkerung auf ein Kriterium beziehen zu können, mit dem zumindest Vergleiche zu anderen Prävalenzen möglich sind, außerdem jedoch wirklich Kranke von sog. Falsch-Positiven mit einem Zufallsbefund unterscheidbar werden.[2]

Eine besonders gut definierbare Erscheinungsform des Diabetes ist der insulinabhängige Diabetes der Jugendlichen, die entsprechend der Bezeichnung nur mit der täglichen Gabe von injizierbarem Insulin leben können. Hiermit ist aber auch die Möglichkeit gegeben, eine genaue Feststellung der Häufigkeit der Erkrankung, also der Inzidenz und Prävalenz, in der gesamten Bevölkerung zu erreichen. Da Insulin verschreibungspflichtig ist, kann man über die Abrechnung der Insulinkäufe bei Apotheken oder Versicherungen eine weitgehend vollständige Erfassung der „Insulinkranken" und damit, auf die Gesamtbevölkerung bezogen, auch die gewünschten Inzidenzraten pro Jahr und Altersgruppe bestimmen. Mit diesem Vorgehen konnte beispielsweise in Dänemark ein erster Altersgipfel bei den 12–14jährigen und ein anderer Gipfel im Alter von 22 Jahren gefunden werden und die eigentlich nicht zu erwartende Tatsache, daß das männliche Geschlecht eine um 26 % höhere Inzidenz gegenüber dem weiblichen Geschlecht hatte. Bei dem Vergleich der dänischen mit Daten von Erhebungen in den USA, Schweden, Norwegen, England und Frankreich ergab sich, daß Gesamtinzidenzraten in den Jahren 1975–78 durchaus unterschiedlich waren, indem in den USA die höchsten und in Frankreich die niedrigsten Inzidenzraten gefunden wurden. Die Unterschiede werden mit verschiedenen Methoden und unterschiedlichen Bedingungen der Erhebung erklärt. Dennoch kann man nicht von vornherein annehmen, daß diese Daten nicht doch unterschiedliche Häufigkeiten

[2] Zur Problematik der Diabetes-Früherkennung wurde von Basler et al. 1972 in einer grundlegenden Kritik vorangegangener Publikationen Stellung genommen, wobei die Bedeutung der Validität von Untersuchungsmethoden, also zur Sensitivität und Spezifität und deren korrekte Ermittlung, hervorgehoben wurde. Wenn – wie in dem beanstandeten Fall mit der Harnzuckerbestimmung – nur 30 % der Diabetiker entdeckt werden können, so ergibt sich eine bedenklich niedrige Empfindlichkeit des Screening-Tests, denn die Zahl der übersehenen Krankheiten ist größer als die der entdeckten. Die Handhabung dieses Problems wird von Lilienfeld und Lilienfeld (1980) behandelt.

in den betreffenden Ländern bedeuten. Offensichtlich ist man bei der Erfassung des Diabetes als einer Volkskrankheit noch in der Anfangsphase und im Vergleich zur Krebsregistrierung ein weites Stück zurück. Der Versuch, über die Musterungsuntersuchungen bei der Erfassung von Wehrpflichtigen die verläßlichsten Werte zu bekommen, wird augenblicklich auch in Dänemark unternommen. Dabei kann man natürlich nur die bis zum Musterungsalter erfaßbare männliche Bevölkerung beurteilen, und die Ergebnisse bestätigen die Inzidenzziffern der beschriebenen Erfassungsebene, nämlich Informationen aus Krankenhäusern und über den Verkauf von Insulin. Diese deskriptiven Untersuchungen sollen auch die Grundlage für epidemiologische Studien zur Ursachenforschung bilden (Christie et al., 1979).

Aus solchen epidemiologischen Studien sind bisher einige Risikofaktoren für Diabetes bekannt, wozu vor allem Alter und erhöhter Blutdruck sowie Übergewicht gehören. Die Veränderungen von peripheren Blutgefäßen, also die Durchblutung von Organen außer dem Herzen, wurde sehr lange Zeit als eine Folge der Erkrankung angesehen. Eine neue Erkenntnis ist dagegen, daß durch solche Veränderungen eine Zuckerkrankheit ausgelöst werden kann, speziell durch mangelnde Durchblutung der Bauchspeicheldrüse, in der das für die Regulierung des Blutzuckers wichtige Insulin produziert wird. Starke Zusammenhänge zwischen dem Auftreten von Herzinfarkt und vorangehender Zuckerkrankheit sind seit jeher der Grund, weswegen bei der Erforschung der Herz-Kreislauf-Krankheiten Diabetes eine große und wichtige Rolle spielt. Während der Bildungsstand und der soziale Status von großer Bedeutung für das Auftreten der Zuckerkrankheit zu sein scheint (und zwar bei niedrigeren sozialen Schichten weit häufiger), hat sich die Ernährung nicht als der vermutete starke Risikofaktor ergeben, durch den eventuell eine Erkrankung ausgelöst oder die Tendenz dazu verstärkt wird. Ein Einfluß der Ernährung über den Umweg des Übergewichts ist natürlich wiederum nicht auszuschließen, so daß die Einschränkung der Gesamtaufnahme an Kalorien weiterhin auch als Präventivmaßnahme zur Verhütung von Diabetes im Alter gelten kann. Psychosoziale Probleme und Angst werden zwar als Risikofaktoren diskutiert, sind jedoch nicht eindeutig zu identifizieren gewesen. Eine neue skandinavische Studie stellt Zusammenhänge der Abnahme des jugendlichen Diabetes mit Stillfreudigkeit und Stilldauer durch die Mütter fest, wobei Schutzfaktoren in der Muttermilch diskutiert werden (Borch-Johnsen et al., 1984). Auch hier steht die Forschung noch am Anfang, so daß sich insgesamt ein noch recht unschlüssiges Gesamtbild hinsichtlich der Ursachen des Diabetes ergibt. Das spricht jedoch dafür, verstärkt auf diesem gesundheitspolitisch wichtigen Gebiet zu forschen.

Beziehungen zwischen den klinischen Zeichen eines erhöhten Blutzuckerspiegels und Herzkranzgefäß-Krankheiten wurden in Finnland untersucht. Die Ergebnisse dieser Studie haben in Übereinstimmung mit Angaben aus der Literatur ergeben, daß ein hoher Insulinspiegel nach Zuckerbelastung in einem Zeitraum von 5 bis 10 Jahren mit einem erhöhten Herzinfarktrisiko einherging (Pyörälä, 1979). Die Untersuchung der noch nicht erkannten, also asymptomatischen Blutzuckererhöhung in den Belegschaften dreier Großfirmen in Chikago ergab jedoch so inkonsistente Befunde bezüglich der Herz-Kreislauf-Krankheiten, daß trotz der Untersuchung von über 10000 Männern keine Aussagen zu einem erhöhten Sterberisiko bei noch nicht von der Person selbst erkanntem Leiden gemacht werden konnten. Somit scheinen sich günstige Ansätze für eine Früherkennung und die sekundäre Prävention zu ergeben (Stamler et al., 1979).

5. *Krebsepidemiologie*

Unter Epidemiologie des Krebses werden die vielfältigen Informationen und teils wissenschaftlich fundierten, teils nurmehr spekulativen oder noch ungesicherten Aussagen zu Analysen über Krebsrisikofaktoren verstanden, die zu den über 50 verschiedenen Krebsformen existieren.[3] Hierbei tritt als vorrangiges Problem die Definition der Krebskrankheit und des Umfanges dieses Forschungsgebietes auf. Unter Krebs werden alle bösartigen Neubildungen verstanden, die biologische Kriterien erfüllen, selbst wenn es sich im Einzelfall noch nicht um Krankheit im klinischen Sinne handeln muß (so z. B. bei einigen extrem langsam fortschreitenden Krebsformen, die unter Umständen unentdeckt bleiben können, weil sie kein manifestes Krankheitsbild verursachen). Eine besondere Schwierigkeit liegt auch noch darin, daß die Unterscheidung zwischen gutartigen und bösartigen Neubildungen nicht immer einfach und mit der wünschenswerten Trennschärfe zu treffen ist. In der

[3] Die große Zahl der Krebsdiagnosen resultiert aus den möglichen Organlokalisationen (Topologie), die von Krebs befallen sein können (z. B. Leber, Harnblase, etc.). Hinzu kommen fast 100 deutlich unterscheidbare Gewebsformen in Ausprägungen der sog. Morphologie.

klinischen Praxis, also beim Vorliegen eines behandlungsbedürftigen Krankheitsbildes, muß die Unterscheidung im Sinne einer Entscheidung vom Arzt gemeinsam mit dem Pathologen getroffen werden.

In der Ursachenforschung wird dagegen oft das objektive Entscheidungskriterium gebraucht, um eine Zuordnung zur Studienbevölkerung (oder zur Vergleichsgruppe, oder zur Risikobevölkerung) ganz allgemein zu ermöglichen. Für solche Zwecke werden Kriterien und Dokumente zur Entscheidungsfindung über den individuellen Fall hinaus erforderlich. Diese Dokumentation wird einmal mit der Sicherstellung biologischen Materials versucht (also des Krebsgewebes in Form einer konservierten Probe oder anderer Belege über den Befund), aber auch mit der Festlegung eindeutiger und international anerkannter Kriterien und Klassifizierungsformen für die Zuordnung einer diagnostizierten Erscheinungsform des Krebses, die sich später für Vergleichszwecke als brauchbar erweist. Neue Erkenntnisse zu bestimmten Erscheinungsformen des Krebses haben durchaus zu veränderten Einschätzungen auch einiger ursächlicher Faktoren bei Lungenkrebs geführt (also von Krebsformen der Luftwege und des Lungengewebes), die von den verschiedenen Gewebeformen ausgehen können, die in dem Organ Lunge vorkommen.

Unter Beachtung solcher Prinzipien einer detaillierten Klassifikation werden seitens der WHO (World Health Organization) mit Hilfe vieler nationaler und internationaler Institutionen, z. B. UICC (Unio Internationalis Contra Cancrum), bemerkenswerte Anstrengungen gemacht, die Krebshäufigkeit in den Ländern der Welt nach einheitlichen Gesichtspunkten zu dokumentieren und in vielen Fällen auch beschreibend zu analysieren. Dabei kommen ihr in den Fällen des Vorhandenseins solcher Einrichtungen die nationalen Krebsregister zugute, in denen in einigen Fällen seit den dreißiger Jahren (Hamburg, Connecticut, USA, Dänemark seit 1943) kontinuierlich die Neuerkrankungsfälle an Krebs in den definierten Einzugsgebieten erfaßt werden. Inzwischen gibt es eine große Zahl von Ländern, die Krebsregistrierung betreiben und damit in der Lage sind, gute Aussagen zur Häufigkeit von Krebsformen in der männlichen und weiblichen Bevölkerung zu machen.

In allen anderen Fällen ist man noch immer auf Auswertungen der Krebsmortalität angewiesen – und leider gilt das im Gegensatz zur DDR auch für die Bundesrepublik Deutschland, in der bisher außer in Hamburg nur im Saarland (seit 1967) Krebs systematisch noch zu Lebzeiten der betroffenen Personen erfaßt wird (Wagner und Frentzel-Beyme, 1976). Die Krebsregistrierung im Saarland gibt einen guten Anhalt für das Wesen dieser für jegliche Forschung und Gesundheitspolitik wichtigen Aktivität.[4]

Da die Erfassung von Krebspatienten allein noch keine Epidemiologie darstellt, ergibt sich jetzt die Frage, wie mit den erfaßten Daten auch die entsprechende Forschung betrieben werden kann. In Dänemark wurde der beträchtliche Aufwand einer systematischen Krebserfassung auch mit Forschung verbunden. Im Gegensatz zu der fehlenden Nutzung der in Krebsregistern gesammelten Daten für epidemiologische Studien in der DDR wird in unserem nördlichen Nachbarland eine ganze Reihe von Nutzungsmöglichkeiten demonstriert. Abgesehen von den Gründen, die zu so unterschiedlichen Nutzungsgraden einer kostenmäßig nicht unerheblichen Anstrengung führen, ist es bei der gegenwärtigen Diskussion des Für und Wider von Krebsregistern durchaus von Interesse, welche prinzipiellen Nutzungsmöglichkeiten solcher Datensammlungen existieren. Møller-Jensen (1982) gibt folgende Beispiele einer Anwendung von Registerdaten für die Krebsursachenforschung, die gleichzeitig für Kosten-Nutzen-Überlegungen der Krebsregistrierung bedenkenswert sind.

1. Mit der Information von Volkszählungen (in der Bundesrepublik war 1970 die letzte Volkszählung) als die für Inzidenzraten erforderliche Nennergröße für einzelne Altersgruppen oder für alle Altersgruppen zusammengefaßt ergibt sich ein wenn auch begrenzter Informationsgehalt über die Krebshäufigkeit in bestimmten Regionen oder Bevölkerungsgruppen und damit die Möglichkeit der Routineuntersuchungen der unterschiedlichen Krebshäufigkeit in den Altersgruppen, den beiden Geschlechtern, nach Ehestand oder in bezug auf städtische oder ländliche Wohngebiete sowie Berufsgruppen. Diese Möglichkeiten sind natürlich in einem Land, das seit 40 Jahren Krebsregistrierung betreibt, entsprechend größer, als wenn ein solches Krebsregister erst neu eingerichtet wird.

2. Diese einfachen Routinestatistiken können fortwährend für die Untersuchung von zeitlichen Trends ausgenützt werden, und gleichzeitig können unterschiedliche Hypothesen für epidemiologische Studien generiert werden.

3. Zusätzlich können die Auswirkungen von Intervention, also die Auswirkungen des Eingreifens durch Früherkennungspro-

[4] Im Abschnitt „Das Krebsregister im Saarland" (XII. 5.a) wird darauf ausführlicher eingegangen.

gramme oder ähnliche Krebsbekämpfungsaktionen im Sinne einer Überwachung, untersucht werden. Neuere Untersuchungen der zeitlichen Trends im Auftreten einer fortgeschrittenen Form des Uterushals-Krebses in Dänemark haben ergeben, daß in dänischen Verwaltungsbezirken mit unterschiedlichen Früherkennungsstrategien auch unterschiedliche Krebshäufigkeiten beobachtet wurden (Lynge, 1982). Diese Untersuchungen haben die Ansicht unterstützt, daß Früherkennungsprogramme, die die gesamte Bevölkerung betreffen, zu einer Herabsetzung des Erkrankungsrisikos an dieser Krebsform führen.

Spezifische Studien mit Hilfe des dänischen Krebsregisters betreffen beispielsweise die Überprüfung des Zusammenhangs zwischen Saccharin und Blasenkrebs. In Dänemark wurde während des Zweiten Weltkriegs eine Zunahme des Gebrauchs an künstlichen Süßstoffen verzeichnet, und es war nun ein leichtes, mit Hilfe der Krebsregisterdaten nach einem Anstieg des Blasenkrebsrisikos bei solchen Personen zu untersuchen, die in der Periode des Anstieges des Süßstoffgebrauchs geboren wurden. Hier zeigte sich, daß selbst dann ein Blasenkrebsrisiko nicht vorliegt, wenn die Möglichkeit einer intrauterinen, also schon während der Schwangerschaft gegebenen Exposition gegenüber Saccharin bestanden hat (Jensen und Kamby, 1982).

Eine weitere, viel ergiebigere Möglichkeit der Nutzung von Krebsregisterdaten sind die eigentlichen epidemiologischen Studien. Dabei kann der ganze Bereich möglicher Krebsrisiken erfaßt werden, wie sie mit der medizinisch notwendigen Strahlenexposition (Diagnostik und Therapie), Krebs-Chemotherapie zur Behandlung von Krebsfällen und medizinischen und chirurgischen Behandlungsmethoden in Verbindung gebracht werden. Solche Kohortenstudien mit Hilfe von Krebsregistern können dem Ideal einer randomisierten Studie durchaus nahekommen, solange der Einfluß von Störfaktoren in Grenzen bleibt oder ausgeschlossen werden kann. Die dafür erforderlichen Methoden sind allerdings inzwischen auch entwickelt worden und werden bei solchen Studien gewöhnlich berücksichtigt. Es soll hier jedoch nicht verschwiegen werden, daß auch in Ländern mit langer Forschungstradition, wie in Dänemark, die Fragen des Schutzes der persönlichen Sphäre größere Bedeutung gewonnen haben, nachdem mit der Nutzung solcher Datenbanken auch die Möglichkeit der Einbeziehung persönlicher Daten und der Belästigung von Personen im Rahmen epidemiologischer Studien angestiegen ist. Daher wird im gleichen Atemzuge mit einer Darstellung der Erfordernisse der Krebsregistrierung auch an die Verantwortung der Datenhalter erinnert, das Risiko eines „Datenlecks“ möglichst gering zu halten. Es ist jedoch anzunehmen, daß diese Möglichkeiten weiterhin gering bleiben, so wie bisher auch noch keine Beeinträchtigungen der Privatsphäre durch die Existenz von Krebsregistern bekannt geworden sind. Viel größer ist der mögliche Schaden, der bei der Verfolgung der Ziele des Gesundheitswesens, nämlich die Bevölkerung gegen Krebsgefährdungen zu schützen, angerichtet wird, wenn weiterhin starke Einschränkungen bei der Benutzung von derartigen Datenquellen für die epidemiologische Forschung zu befürchten sind.

Hier sollte noch ein Hinweis auf die Eignung von sog. Krankenhaus-Krebsregistern gegeben werden. Es ist inzwischen eine allgemein anerkannte Tatsache, daß Krankenhausregister zwar einen nützlichen ersten Einblick in die Verbreitung von Krebsformen in einer bestimmten Bevölkerung geben, jedoch keine epidemiologische Krebsforschung ermöglichen. Die Gründe dafür liegen darin, daß die exakte Risikobevölkerung nicht feststellbar ist, die durch ein einzelnes Krankenhaus abgedeckt wird. Der Hauptzweck solcher Register liegt vielmehr in der Bereitstellung von Daten für die krankenhausinterne Verwaltung und Patientenversorgung einschließlich der Auswertung von Behandlungsergebnissen. Dennoch können Krankenhausregister große Gruppen von Patienten mit bestimmten Krebsformen enthalten und damit als Grundstock einer Informationsquelle in Richtung eines bevölkerungsbezogenen Krebsregisters gelten. Außerdem können aufgrund solcher Patientensammlungen auch beträchtliche Fallzahlen für Fall-Kontroll-Studien bereitgestellt werden. Da das Prinzip dieser Studien darin besteht, Angaben sowohl von Krebskranken als auch von Vergleichspersonen zu erheben, sind bevölkerungsbezogene Krebsregister nicht optimal als Datenquellen geeignet – zumindest bei der gegenwärtigen Registrierpraxis in den meisten Fällen. Nur in Registern, deren Erfassungsprinzip die aktive Einholung der Informationen von pathologischen Instituten einbezieht (z. B. das Régistre du Bas Rhin, Strasbourg, oder einige regionale Registerformen in der Bundesrepublik Deutschland), entfallen solche Einschränkungen, wie etwa die relativ lange Verzugszeit, die verstreicht, bis ein Krankheitsfall im Register erfaßt wird. Diese Zeitdauer kann unter Umständen zur Folge haben, daß ein Krebspatient bereits seiner Krankheit erlegen ist, bevor ein Interview innerhalb einer speziellen Studie möglich war. Dieses Dilemma hat dazu geführt, daß vielerorts besondere Erfassungsschienen für Fall-Kontroll-Studien geschaffen wurden. In solchen Fällen dient ein Register jedoch als wichtige Referenzbasis, um die Repräsentativität der in einer Studie erfaßten Fälle zu überprüfen.

Was bisher jedoch noch ungenügend genutzt wurde, ist die günstige Möglichkeit, ein Register als Quelle von Fällen *und* Kontrollen anzusehen. Dies gilt für solche Studienansätze, in denen auf ein persönliches Interview verzichtet wird zugunsten der Nutzung bereits vorliegender Daten, die etwa aus Krankenakten entnommen werden können (Møller-Jensen, 1982). Dieses Vorgehen könnte sich als ein sehr zügiger und ökonomischer Zugang zu Informationen und gleichzeitig zu einer ausgedehnteren Nutzung von Krebsregisterinformationen erweisen.

a) Das Krebsregister im Saarland

Das saarländische Krebsregistergesetz (Saarländisches Gesetz über das Krebsregister) stellt eine erste Regelung dieser Art in der Bundesrepublik Deutschland dar, die einen gewissen Modellcharakter gewonnen hat und an der sich Überlegungen zur Gestaltung weiterer zu erwartender Rechtsnormen in diesem Bereich im wesentlichen orientieren. Einige Mängel, die eine wirtschaftlich sinnvolle Organisation der Arbeitsabläufe im Register erschweren und darüber hinaus eine wissenschaftlich effiziente Nutzung der Daten behindern, sollten – bei Sicherung eines wirksamen Datenschutzes – dazu führen, nach neuen und besseren Lösungsmöglichkeiten zu suchen (Dokumentation des saarländischen Krebsregisters 1982).

Das Grundprinzip der Erfassung des saarländischen Krebsregisters ist, wie bei anderen Registern auch, das System der Datenzusammenführung (Record Linkage). Ziel und Inhalt dieser Zusammenführung möglichst vieler Daten über eine erkrankte Person ist es, alle verfügbaren Datenquellen auszuschöpfen, weshalb immer wieder die Bitte an die Ärzte geht, dem Krebsregister jede Veränderung im Stadium der Erkrankung oder weitere Maßnahmen der Behandlung zu melden. Zur Erhebung der Daten dient das im Rahmen einer Rechtsverordnung der Landesregierung festgelegte Formblatt ›Mitteilung über Geschwulsterkrankungen‹. Die Meldungen sind freiwillig und werden nicht nur von Krankenhäusern, sondern auch von pathologischen und radiologischen Instituten sowie von frei praktizierenden Ärzten erstellt und dem Register zugeleitet. Als weitere wichtige Informationsquelle dienen die Sterbefallzählkarten, die dem Statistischen Landesamt zugestellt werden und im Register, das sich im gleichen Amt befindet, genutzt werden. Dabei werden personenbezogene und medizinische Daten erfaßt, wobei die personenbezogenen Daten dazu benötigt werden, die betreffende Meldung mit eventuell vorangegangenen Meldungen abzugleichen. Das bedeutet, daß festgestellt werden muß, ob es sich bei einer eingehenden Meldung um eine Erst- oder eine Folgemeldung handelt, wozu gegebenenfalls schon gespeicherte Informationen über den gleichen Patienten überprüft werden müssen. Hierzu braucht man die genauen Angaben zur Person.

Zu den medizinischen Daten gehören die Art der Geschwulsterkrankung, die Lokalisation in einem Organ, die Ausbreitung und das Stadium der Krankheit zum Zeitpunkt der Diagnose und die Art der Sicherung dieser Diagnose. Weitere Angaben betreffen Schadstoffexpositionen, den möglichen Verdacht auf eine berufliche Ursache (Berufskrebs) sowie den Beginn und die Art der Behandlung.

Die Auswertung der medizinischen Daten ist bereits seit Beginn der Registrierung automatisiert, und aufgrund der computergerechten Aufbereitung der Daten können mit Tabellenprogrammen jährliche Bestandsaufnahmen an Neuerkrankungen und Todesfällen dokumentiert werden. Dabei werden die Merkmale Geschlecht, Diagnose, Alter und Erfassungsjahr in die Auswertung einbezogen. Aufbauend auf den bisherigen Dokumentationen, sind nationale und internationale Vergleiche möglich, die wiederum wertvolle Hinweise für epidemiologisch ausgerichtete Forschungsansätze liefern. Einige Beispiele für die Häufigkeiten und die Verteilung der Krebsneuerkrankung in der Gesamtbevölkerung des Saarlandes ergeben sich aus den Tabellen der Saarländischen Dokumentation, wobei auch das Verhältnis von Morbidität zur Mortalität an bösartigen Neubildungen verdeutlicht wird (s. auch Abb. 15).

b) Krebs – Schicksal oder Verschulden?

Aufgrund einer Analyse der Sterbedaten in den USA ergibt sich eine absinkende Tendenz der langfristigen Sterbeziffern an Krebs, sobald die Quoten für den Zigarettenverbrauch für die gleiche Bevölkerung korrigierend berücksichtigt werden (Day, 1980).

Ob dies der richtige Weg ist, Besorgnisse wegen angeblich erhöhter Krebsrisiken zu zerstreuen, bleibt ebenfalls abzuwarten. Dabei muß auch berücksichtigt werden, daß diese Analyse die Krebssterblichkeit insgesamt betrifft und daß einige Krebsformen (Brustkrebs, Darmkrebs) durchaus eine deutlich ansteigende Tendenz zeigen und unverminderte Aufmerksamkeit erfordern. Das seit über 40 Jahren immer wiederkehrende Thema, in Wirklichkeit ein Argument, daß nämlich die absolute Zunahme der Krebsfälle allein mit dem Zunehmen der mittleren Lebenserwartung und somit einer Zunahme der Bevölkerungsschichten höherer Altersgruppen zu erklären ist, so daß mehr Personen in ein Krebsalter hinein überleben, als noch zur Jahrhundertwende für diese Krankheitsform zur Verfügung standen, muß in diesem Zusammenhang angesprochen werden. Die zwangsläufige Folge einer solchen Erklärungsmöglichkeit wäre, Forschung zu den Ursachen als nicht unbedingt erforderlich zu betrachten, da man einem solchen Schicksal ja ohnehin nicht wirksam entgegentreten könnte.

Diese Denkweise beruht auf zwei Fehlschlüssen und sollte daher nicht akzeptiert werden. Der eine betrifft die Bedeutung des zunehmenden Alters für die Verlängerung der Latenzzeit, die ja für die Entstehung von Tumoren teilweise mehrere Jahrzehnte betragen soll. Tumoren mit langer Latenz kommen spät im Leben zum Ausbruch. Somit wäre mit höherem Alter auch eine größere Zahl von erfolgreich verlaufenden Fällen von Karzinogenese zu erwarten. Damit ergeben sich aber doch verstärkte Ansprüche an ein Forschungsgebiet, bei dieser mengenmäßig stetig anwachsenden Bevölkerungsgruppe die Ursache-Wirkung-Beziehungen aufzuklären, die uns bisher noch verborgen bleiben mußten, nicht zuletzt, weil häufig nicht genügend Krankheitsfälle aufgetreten sind. Ein Nebenaspekt betrifft die konkurrierenden Todesursachen infolge solcher Krankheiten, die mit ihrer hohen Letalität schon vor dem Erreichen des für den Ausbruch der Krebserkrankung erforderlichen Alters störend wirken. Die Verhütung dieser Konkurrenten kann zu einer höheren Lebenserwartung, aber auch zu einem höheren Krebsrisiko führen. Gerade deshalb ist Forschung aber notwendig.

Ein anderer Trugschluß betrifft die Bedeutung des höheren Alters für eine längere Expositionsdauer gegenüber Karzinogenen, die durch eine höhere Lebenserwartung zwangsläufig ermöglicht wird. Man sollte eine Risikosituation besonders deshalb verstärkt untersuchen, weil sie sich bei höherer Lebenserwartung natürlich entsprechend gefährdender auswirken kann und größere Chancen bestehen, daß ein längerer Kontakt mit Karzinogenen zustande kommt als bei kurzer verbleibender Lebenserwartung. Selbst wenn das absolute Krebsrisiko nicht zugenommen hätte, könnte die Zunahme der Bevölkerung in ein höheres Lebensalter sich weiterhin auf die Zunahme von Krebsfällen auswirken, die durch ihr längeres Überleben auch einem Mehrfachen an Krebsrisikofaktoren ausgesetzt sind. Aufgrund dieser Überlegungen muß eine Verstärkung der Krebsforschung gerade für diesen Fall gefordert werden, da eine höhere Lebenserwartung zweifellos auch die Expositionsdauer verlängern hilft (Frentzel-Beyme, 1980c).

Krebsforschung mit epidemiologischen Methoden rückt in den Vordergrund des Interesses, und seit 1967 sind die dafür geeigneten Methoden im Auftrag der WHO von Lilienfeld, Pedersen und Dowd in einem Lehrbuch zusammengefaßt dargestellt worden.

6. Herz-Kreislauf-Krankheiten

Die weite Verbreitung chronischer, nichtinfektiöser Krankheiten führte zu Bezeichnungen wie: moderne Seuchen, Volkskrankheiten oder Zivilisationskrankheiten (Laaser, 1982). Unter diesen nehmen Herz- und Kreislaufkrankheiten in vielen Ländern, so auch der Bundesrepublik Deutschland, mit fast 50 % aller Todesfälle den ersten Rang ein. Insbesondere die hohe Frühsterblichkeit und Invalidität (Frühberentung) machen diese Krankheitsformen zu einem drängenden Problem, dessen Bearbeitung auch mittels des Einsatzes epidemiologischer Methoden erfolgt. Die epidemiologische Forschung hat auf diesem Gebiet bereits große Anstrengungen unternommen, und – obwohl über viele Jahre in den USA, England und Skandinavien Langzeitstudien durchgeführt wurden – ist man nicht über kleine Schritte auf dem Weg der Aufklärung der Ursachen des Herzinfarktes hinausgekommen. Zu diesen Schritten gehört die Benennung von Risikofaktoren,[5] die in enger ursächlicher Beziehung zum Auftreten der Herzkranzgefäßerkrankungen als Ursache eines Herzinfarktes stehen. Zu diesen Faktoren gehören

[5] Der Unterschied zwischen Risikofaktor und Risikorate ist, daß der eine die Krankheitswahrscheinlichkeit (das Risiko) erhöht, während die Rate (etwa als relatives Risiko) die Stärke dieses Risikos quantifiziert oder (etwa als attributables Risiko) die zu erwartende Wirkung der Verhütung des Risikofaktors voraussagt.

die Inhalation von Zigarettenrauch, der hohe Blutdruck und ein hoher Cholesterinspiegel im Blut. Für alle diese Faktoren ist noch nicht überzeugend geklärt, ob ihre Beseitigung auch einen Rückgang der Erkrankungs- und Sterbeziffern an Herzinfarkt bewirken würde. Gegenwärtig sind große prospektive Untersuchungsserien im Gange (Nordkarelien-Projekte in Finnland, MRFIT-Studie in den USA), um diese Fragen zu klären. Sicherlich liegen auch hier, wie bereits bei der Krebsforschung angedeutet, die Gründe für die bisher bescheidenen Erfolge in der multifaktoriellen Genese der chronischen Krankheiten. Mehr und mehr macht sich dabei bemerkbar, daß wahrscheinlich auch genetische und psychosomatische Faktoren unterschätzt wurden.

Bezüglich der Untersuchung der ernährungsbedingten Risikofaktoren (Cholesterin und ungesättigte Fettsäuren) sieht es sogar so aus, als ob eine Generation intensiver Forschung auf diesem Gebiet der Risikofaktoren für den Herzinfarkt ganz in Unordnung geraten sei. Lange war nämlich zur Senkung von Blutcholesterin und Fettsäuren in der täglichen Nahrung aufgerufen worden, um wichtige Risikofaktoren für den gefürchteten Herzinfarkt wirkungsvoll zu senken oder gar zu eliminieren. Die Margarineindustrie stellte bestimmte Nahrungsmittel als Quasi-Medikamente hin und verwies den uneingeschränkten Buttergenuß in den Bereich der rückständigen, risikoreichen Ernährung. Dennoch sanken weder die Cholesterinwerte in den Bevölkerungsschichten noch die Todesfälle oder Neuerkrankungsraten an Myokardinfarkt. Niemand konnte beweisen, daß eine cholesterinarme Diät die Krankheiten der Herzkranzgefäße verhütet oder auch nur modifiziert. Die Diäthypothese war zunächst durch die deskriptiv-epidemiologischen Auswertungen der Herzinfarktraten von sechs Ländern gestützt worden, die mit dem Fettverbrauch korrelierten. Inzwischen wird dieser Ansatz als naiv und ein Lehrstück für falsch-positive Assoziationen bezeichnet (Mann 1977). Die Erkenntnis, daß die Ernährungshypothese bei Herzinfarkt falsch sei, stammte ebenfalls aus epidemiologischen Studien, allerdings vom analytischen Typ: In Framingham und Tecumseh (Kessler und Levin, 1970), wo seit den fünfziger Jahren ganze Bevölkerungen in prospektiven Studien begleitend untersucht werden, fanden sich bei über 1000 bzw. 2000 Personen keine Beziehungen zwischen Ernährungsgewohnheiten und dem Cholesterinspiegel im Blut. Die Analyse der Sterblichkeit an Herzinfarkt zeigte seit 1950 ebenfalls keinen überzeugenden Effekt der starken diätetischen Propaganda. Daneben ergaben sich aus der täglichen klinischen Praxis keine stützenden Hinweise, daß – selbst bei bereits Herzkranken mit gezielter Diättherapie – eine Beeinflussung der Cholesterinwerte möglich wäre. Eine methodisch interessante Beobachtung war, daß eine Diätbehandlung um so geringer zu wirken schien, je besser eine Studie zur Untersuchung des Zusammenhangs geplant und organisiert war. Statt des erhofften Erfolges fanden sich, gleichsam als überraschender Nebeneffekt, höhere Krebsraten in den behandelten Gruppen. Nicht allein wegen dieses Befundes ist man gegenwärtig dabei, die forcierte Senkung der Blutfettwerte mit diätetischen oder medikamentösen Mitteln zu überdenken. Nachdem sich gezeigt hat, daß bestimmte Medikamente sehr wirksam den Blutfettspiegel zu senken vermögen, wird dieser Beeinflussungsmöglichkeit mehr Aufmerksamkeit geschenkt als der diätetischen Beratung. Aber selbst bei medikamentös reduzierter Cholesterinämie gab es keinen meßbaren Effekt auf das Verhalten der Herzkranzgefäßkrankheiten, wogegen die Untersuchungsprogramme abgebrochen werden mußten, da in den behandelten Gruppen mehr Todesfälle auftraten als in den Vergleichsgruppen. Inzwischen werden blutfettsenkende Medikamente bei Kindern empfohlen, die aufgrund genetisch bedingter Erhöhungen der Blutfettwerte unter dem ernsthaften Risiko einer frühzeitigen Herzkranzgefäßkrankheit stehen. Trotz dieser vermutlich effektiven Präventionsmethode kann man die generelle Durchuntersuchung von Kindern zur Entdeckung eines hohen Blutcholesterinspiegels noch nicht uneingeschränkt empfehlen, da derartige häufige Untersuchungen auch Anlaß zu erhöhter Besorgnis bei den Betroffenen geben könnten. In diesem Fall muß, wie bei allen derartigen Programmen üblich, der Nutzen gegen die vermutlichen Kosten und Nebenwirkungen genau abgewogen werden.

Früherkennungsprogramme

Filteruntersuchungen für die Entdeckung von Personen, die unter erhöhtem Erkrankungsrisiko stehen, müssen prinzipiell einige wichtige Punkte erfüllen, um den oft beträchtlichen Aufwand zu rechtfertigen. Am Beispiel der Erkennung und Bekämpfung des hohen Blutdrucks, der auch als eine der Volkskrankheiten anzusehen ist, kann man feststellen, daß kaum eine andere Krankheit derartig viele Punkte einer Liste erfüllt, die 1968 von der WHO zusammengestellt wurde. Zu diesen Punkten gehören:

1. Filteruntersuchungen (Screening) sollen für wichtige Krankheiten durchgeführt werden.
2. Für die aufgefundenen Krankheitsfälle muß die Möglichkeit einer wirksamen Behandlung bestehen.
3. Im medizinischen Versorgungssystem sollten Diagnose und Behandlung gleichzeitig erfolgen können.
4. Die betreffende Krankheit sollte ein Frühstadium haben, das mit den üblichen Methoden bereits erkennbar ist.
5. Vor allem muß ein wirksamer Früherkennungstest zur Verfügung stehen.[6]
6. Dieser Test soll akzeptabel sein für die Untersuchung großer Bevölkerungsgruppen.
7. Man sollte über die Krankheit und deren natürlichen Verlauf genügend wissen.
8. Vor der Einführung des Erkennungsprogramms soll genau festgelegt werden, wer als Patient zu gelten hat und behandelt werden soll.
9. Die Kosten für das Programm sollten in vernünftiger Relation zu den insgesamt für die gesundheitliche Versorgung der Bevölkerung aufgewandten Kosten stehen, und
10. die Filteruntersuchungen sollten keine Einmal-und-nicht-wieder-Aktion, sondern eher in einen fortgesetzten Prozeß eingebaut sein.

Der hohe Blutdruck, eine oft schleichend beginnende Krankheit in großen Bevölkerungsteilen, erfüllt fast alle diese Punkte, so daß man mit dem Aufbau von Blutdruckprogrammen in der Bundesrepublik begonnen hat. Hierbei wird das Prinzip der epidemiologischen Erfassung von Prävalenz mit dem Konzept der Intervention, also des Eingriffs in eine frühe Krankheitsphase, kombiniert. Das Grundkonzept eines solchen Programms wurde in den USA in einem Hochrisikogebiet (Georgia) erprobt, das im sog. "stroke belt" liegt und wo 1972 unter 26000 Einwohnern mit Interventionsversuchen begonnen wurde.

Maßgeblich bei der Beurteilung dieses Programms war die Tat-

[6] Die Validität einer Untersuchungsmethode ist ein wichtiges Kriterium eines wirksamen Tests. Dabei wird das Ausmaß der Übereinstimmung eines Testbefundes mit dem „wahren" Befund beurteilt, d. h. zumindest mit Kriterien, die die tatsächliche Situation (d. h. Krankheitsfrühstadium) genauer reflektieren als der Test. Als Sensitivität gilt das Ausmaß, mit dem „Patienten" erkannt werden, und als Spezifität das Ausmaß, mit dem Gesunde richtig benannt werden, wenn kein Befund vorliegt.

sache, daß in den vergangenen 10 Jahren die Häufigkeit von Schlaganfällen (engl. "stroke"), einer der möglichen und oft tödlichen Konsequenzen des hohen Blutdrucks, um das Eineinhalbfache gegenüber dem amerikanischen Durchschnitt gesenkt werden konnte. Dabei war der Rückgang besonders deutlich in der schwarzen Bevölkerung (61% Senkung der Todesfälle an Schlaganfall). Neben der Apoplexie ist die Herzinsuffizienz, also das Herzversagen aufgrund der Überlastung, eine der unmittelbar vom Blutdruck abhängigen Komplikationen. Somit erscheint es sinnvoll und begrüßenswert, die Blutdruckerhöhung frühzeitig zu erkennen und wirksam zu behandeln. In mehreren bisher durchgeführten, einwandfrei kontrollierten Studien mit Intervention ging nicht nur die mit dem Bluthochdruck zusammenhängende, sondern auch die Gesamtsterblichkeit zurück, ohne daß dieses Phänomen eindeutig erklärt werden kann. Regionale Blutdruckprogramme finden sich in der Bundesrepublik in München (Münchener Blutdruckprogramm des MEDIS-Instituts der GSF) sowie in Augsburg, Köln, Heidelberg (in Zusammenarbeit mit dem Institut zur Behandlung des hohen Blutdrucks) und Berlin. Dabei wird auch untersucht werden, in welchem Alter der größte Effekt des Einsatzes von medikamentösen oder diätetischen Verfahren zu finden ist.

Eines der inzwischen über 20 Blutdruckprogramme in den USA diente auch als Vorbild für das erste deutsche Programm in München (Münchener Blutdruckprogramm des MEDIS-Instituts der GSF). Unabhängig von unterschiedlichen Beurteilungen des Vorgehens im einzelnen besteht Übereinstimmung über erfolgversprechende Maßnahmen wie Senkung der Gesamtsterblichkeit und Krankheitshäufigkeit, Möglichkeiten der Erfassung mit einfachen Methoden und die Durchführbarkeit bevölkerungsweiter Bekämpfungsmaßnahmen (aufgrund von Erfahrungen in den USA und in Finnland). In München wurde 1981 eine Zufallsstichprobe für die Erhebung einer Reihe epidemiologischer Parameter untersucht, die Grundlage einer Intervention sein sollen (Stieber et al., 1982). Erwähnt werden soll noch, daß bereits 1974 unter Beschäftigten der BASF AG in Ludwigshafen eine Querschnittstudie durchgeführt worden war, die einen Hinweis auf die Häufigkeit von hohem Blutdruck unter Industriearbeitern gab, ohne bisher irgendwelche epidemiologischen Forschungsprojekte zur Folge zu haben.

Eine bereits 1975 begonnene Untersuchung von 6000 Schülern in Köln erwies sich als spezieller Beitrag zur Epidemiologie des Hypertonus, da in zwei Anschlußerhebungen (1976, 1980) Daten zum

Risikoprofil bei Jugendlichen erhoben wurden, die für Aussagen zum multifaktoriellen Entstehen eines über das Wachstumsalter hinausgehenden, erhöhten Risikos für Bluthochdruck benötigt werden (Laaser und Allhoff, 1982).

Inzwischen ist mit der Gemeindestudie Rhein-Neckar auch im Heidelberger Raum ein bevölkerungsbezogenes Programm vorgesehen, das neben der Bewertung medikamentöser oder diätetischer Maßnahmen den Einfluß sozialer Gegebenheiten und deren Beeinflussung (Gruppenunterstützung, Fertigwerden mit sozialen Konflikten) betrifft. Diese Studie sollte vier Gebiete betreffen, nämlich Mannheim und Weinheim, Berlin-Spandau, Bremen-Nord und für ein ländliches Gebiet Traunstein in Bayern, und wird konzipiert und betreut vom Institut zur Bekämpfung des hohen Blutdrucks, Heidelberg, Bundesgesundheitsamt Berlin und Bremer Institut für Präventive Sozialmedizin. Kernpunkt der neueren Projekte ist, daß sie eine international einheitliche Vorgehensweise verfolgen und Krankheitshäufigkeiten wie Herzinfarkte und Schlaganfälle genau registrieren (sozusagen Register auf Zeit). An diesem Beispiel pragmatischen Vorgehens läßt sich erkennen, daß Untersuchungen auch ohne Krankheitsregister möglich sind, denen ohnehin nachgesagt wird, daß sie so lange als Datenfriedhöfe gelten müssen, als weder Forschung von ihnen ausgeht noch der Zugriff zu den Daten für berechtigte Forschungsinteressen möglich gemacht wird.

Auf die Bedeutung der Erfassung von Herzinfarkten neben der offiziellen Todesursachenstatistik wurde bereits im Kapitel Morbidität im Vergleich zur Mortalität hingewiesen. Ebenso wichtig ist eine Erfassung der nichtletal verlaufenden Fälle der anderen Krankheiten des Herz-Kreislauf-Systems. Nur so konnte man in den USA erkennen, daß es zwar für Männer und Frauen im Alter von 50 Jahren mit 1,5% fast gleich häufig nachweisbare Herzbeschwerden (Angina pectoris) oder den Verdacht auf Angina pectoris gibt (3 %), allerdings weit weniger Frauen in allen Altersgruppen an dem gefürchteten Herzinfarkt erkranken (und sterben). Damit konnte schließlich angenommen werden, daß Angina pectoris und Herzinfarkt unterschiedliche ätiologische Faktoren haben müssen oder wenigstens unterschiedliche Krankheiten sind (Lilienfeld und Lilienfeld, 1980). Somit müssen bei epidemiologischen Studien diese Manifestationen von Herzkrankheiten unterschiedlich berücksichtigt werden.

Der umfangreiche Komplex von Krankheiten des Herz-Kreislauf-Systems kann an dieser Stelle nur kursorisch behandelt werden, wobei diese Übersicht auch der Bedeutung einzelner Forschungsergebnisse mit epidemiologischen Methoden bei weitem nicht gerecht werden kann. Hierfür gilt jedoch auch, was im Kapitel Strategien für die umweltbezogene Krankheitsrisikoforschung gesagt wurde. Wie der Vergleich darstellt, sind zunächst nur einzelne Aktivitäten mit Schwerpunktcharakter möglich und vertretbar, die sich zudem mehr nach personellen und institutionellen Ressourcen verteilt erweisen werden, als daß sie nach epidemiologischen Gesichtspunkten an den Stellen erfolgen, wo sie vermutlich von Relevanz wären. Das Bundesgesundheitsamt in Berlin hat grundsätzlich eine Aufgabe in der Erkennung, Benennung und administrativen Behandlung von Problemgebieten und solchen Ereignissen, die eine epidemiologische Untersuchung erfordern. In vielen Fällen ist das BGA mit mobilen Teams an den Versuch einer bevölkerungsbezogenen Forschung gegangen; andererseits ist bei der beschriebenen fehlenden Infrastruktur und Tradition der Bundesrepublik auf dem Gebiet der epidemiologischen Forschung die Lösung solcher Aufgaben gegenwärtig nur dort als aussichtsvoll anzusehen, wo aufgrund regionaler Bedingungen und persönlichen Einsatzes gewisse Mindestvoraussetzungen personeller Art bestehen (s. das Beispiel der Gemeindestudien).

Es ist zu hoffen, daß – ähnlich der Diabetes-Epidemiologie – auf diesem Gebiet der Ursachenforschung präventivmedizinisch nutzbare Fortschritte gemacht werden. Die Weiterentwicklung regionaler Blutdruckprogramme ist von einer begleitenden Forschung zu deren Evaluation abhängig, wobei nach dem Kosten-Nutzen-Verhältnis aller Aufwendungen gefragt werden wird. In Finnland ergab sich zwischen 1972 und 1977 in Nordkarelien eine Verminderung von Zahlungen für Frühinvalidität, die sich auf 4 Millionen US-Dollar belaufen soll (Laaser et al., 1982).

Das Herzinfarktregister Heidelberg

Im Auftrag des Bundesministeriums für Jugend, Familie und Gesundheit wurde 1970 in Heidelberg nach dem Vorbild anderer von der WHO bis dahin in 15 Ländern koordinierter Registerprojekte ein Register für koronare Herzkrankheiten eingerichtet. Das Registergebiet umfaßt zehn Krankenhäuser im Stadtkreis Heidelberg und den damaligen 52 Gemeinden des Landkreises, in denen etwa 300000 Personen leben. Die Erfassung der Neuerkrankungsfälle erfolgt über die Zusammenarbeit mit 300 Ärzten in Kliniken, Allgemeinpraxen und nicht zuletzt mit dem notärztlichen Dienst. Die Aufgabenstellung des Registers läßt erkennen, daß es zunächst der Erfassung der Inzidenz und der Verlaufskontrolle klinisch gesicherter Infarktkranker diente und nicht für ätiologische Forschung mit epidemiologischen Methoden genutzt wurde. Dabei wurde besondere Aufmerksamkeit der vollständigen Erfassung aller aufgetretenen Neuerkrankungen und der „Zweitregistrierung" von erneuten Infarkten bzw. gesicherten Infarkten nach vorangegangener Erfassung eines Verdachtsfalles gewidmet. Mit der Registrierung wurden Forschungsaspekte verknüpft (so z. B. durch Erfragung von Belastungen in Beruf und Privatleben, Rauchgewohnheiten und ähnlichem); doch unterscheidet sich diese Aufnahme von Daten und auch Symptomen aus der Vorgeschichte nicht von der im ärztlichen Routinebetrieb üblichen Anamneseerhebung. Die Idee eines Registers als einer Quelle einfachster Identifikationsangaben von betroffenen Personen als Ausgangsbasis für epidemiologische Forschung würde jedoch ein weit größeres Einzugsgebiet erfordern, um die für gesicherte Aussagen wünschenswerte große Einzugsbevölkerung mit entsprechend großer Anzahl von neuerkrankten Fällen zu gewährleisten. In Heidelberg wurden Erfahrungen mit der Erfassungspraxis gesammelt, die sich als wertvoll für entsprechende Aktivitäten auf größerer Ebene erweisen dürften. Schließlich wachsen mit der Vergrößerung der Einzugsbevölkerung bekanntlich auch die logistischen Probleme einer möglichst repräsentativen Erfassung an, so daß die Tatsache besondere Beachtung verdient, daß das Heidelberger Register seit 1970 kontinuierlich registriert hat und wohl die zuverlässigsten Angaben über die Inzidenz des Herzinfarktes zu geben vermag. Auch mit der genauen Bezugsbevölkerung ergeben sich zunehmend Probleme der Gewinnung des für die Daten benötigten korrekten Nenners. Seit der letzten Volkszählung sind exakte, altersspezifische Angaben zur Bevölkerungsgröße nicht mehr gewonnen, sondern nur durch Fortschreibung der Zuzüge und Abgänge im Bestand von 1970 „korrigiert" worden. Das Fehlen eines solchen Zensus in regelmäßigen Abständen von zehn Jahren macht sich bei solchen Projekten so lange störend bemerkbar, wie keine adäquate Methode der Erfassung der gesamten „Risikobevölkerung" existiert. Diese kann ja einerseits die gesamte Wohnbevölkerung, andererseits die in der Region medizinisch versorgte Bevölkerung sein. Seit 1980 ist die Registrierung auf Neuerkrankungsfälle an Schlaganfall (Apoplexie) ausgeweitet worden.

XIII. BISHERIGE ERFOLGE DER EPIDEMIOLOGISCHEN FORSCHUNG

Das Bedürfnis nach aktivem Eingreifen zur Verhütung von Krankheiten ist so alt wie die Epidemiologie. Bekannt sind die Bemühungen, der Malaria dadurch Herr zu werden, daß Sümpfe trokkengelegt wurden, und Boccaccios berühmte Berichte beinhalten auch Hinweise auf Quarantäne (also die Selbstisolierung entfernt von dem Ort des Ausbruchs einer Epidemie) als Schutz vor der Infektion. Diese Eingriffe werden Interventionen genannt, und ein berühmtes Beispiel einer praktischen Intervention ist die Einführung der Anti-Skorbut-Diät auf Schiffen, nachdem durch den Engländer Lind die Beobachtung ausgewertet wurde, daß Zahnfleischbluten und allgemeiner Kräfteverfall immer dann ausblieben, wenn Matrosen auf langen Seereisen genügend Zitronen oder ähnliche Vitaminquellen mitführten und als Nahrung zu sich nahmen. Modernere Beispiele sind die Bekämpfung der Polyomyelitis nach dem Zweiten Weltkrieg und die dramatisch zu nennenden Resultate der Fluoridierung des Trinkwassers bei der Bekämpfung der jugendlichen Karies. Die Lösungen für wissenschaftliche Probleme können oft durch einen Prozeß analog einer Kunst erreicht werden, wobei es einem Wissenschaftler zu erkennen gelingt, daß eine Fragestellung reif dafür ist, durch eine inzwischen verfügbare Forschungsmethode bearbeitet zu werden. Der englische Biologe Sir Peter Medawar formulierte das so: If politics is the art of the possible, science is the art of the soluble (Medawar, 1967).

Epidemiologie gilt als eine beobachtende Wissenschaft, die natürliche Experimente auswertet und systematisch die Information darüber organisiert, um daraus ein Bild über die Vorgänge zu gestalten, die zum Auftreten von Krankheiten in Bevölkerungen führen. Ihre Ziele sind Verhütung von Krankheit oder frühzeitigem Auftreten von Tod durch Krankheit und Verletzung. In der Tat ergibt sich ein plötzlicher Sprung im Verständnis der Dynamik einer Krankheit, wenn auf der Basis der Ergebnisse epidemiologischer Untersuchungen über aktive Intervention in Form des Eingreifens in den natürlichen Verlauf der Krankheit neue Erkenntnisse gewonnen werden, die uns früher verschlossen blieben (Gruenberg und Le

Resche, 1978). Ein besonders hoffnungsvolles Beispiel ergibt sich aus der Geschichte der Bekämpfung der Pocken. Im letzten Jahrzehnt konnte man die Ausrottungskampagne der gefürchteten Pocken so erfolgreich auf der ganzen Welt betreiben, daß sich damit ein wahres Lehrstück ergeben hat. Bereits mit dem Beginn der aktiven Übertragung von infektiösem Material aus Kuhpocken auf Menschen, der sog. Inokulation oder Vakzination, wurde mehr über das Verhalten der Krankheit gelernt. Nach und nach ergab sich ein weiterer Informationszuwachs, so daß wir jetzt mehr als jemals zuvor wissen. In diesem Fall kommt noch ein Nebeneffekt des heutigen Wissens hinzu, und zwar daß wir hoffen können, es niemals wieder anwenden zu müssen (obwohl dieses Wissen weiterhin zur Verfügung stehen muß). Bei allem Optimismus gibt es auch hier den Wermutstropfen, daß bei Nachlassen der bisher obligatorischen Impfungen immer größere Bevölkerungsteile wieder empfänglich werden und ein überraschendes Auftreten an irgendeiner Stelle der Welt dann wieder völlig Ungeschützte treffen wird (und sei es als sog. B-Waffe).

Leider kann sich das „epidemiologische Verhalten" einiger Krankheiten dramatisch ändern, wenn Übertragungsraten einen Schwellenwert erreichen. Im Fall der Röteln hat sich gezeigt, daß die Krankheitsfälle dann am häufigsten werden, wenn – im Rahmen vorbeugender Impfprogramme – die Übertragungsquote nahe dem Schwellenbereich liegt, der für eine Erhaltung der Übertragung überhaupt erforderlich ist. Mit anderen Worten: die Einführung der Impfung kann zu einer Zunahme der Röteln in den kritischen Altersgruppen führen, auch wenn nur ein geringer Prozentsatz der Bevölkerung geimpft wird (Knox, 1980).

So hat sich in einer Reihe von Fällen (Röteln, Cholera, Tollwut etc.) ein bedeutender Beitrag der Bevölkerungswissenschaften zur Krankheitsbekämpfung ergeben und gleichzeitig die offensichtliche Forderung nach weiterer Verstärkung der Arbeit an der Schnittstelle zwischen der Biologie von Bevölkerungen und realen Problemen der Krankheitsverhütung.

Dies gilt vor allem für die sexuell übertragbaren Krankheiten wie Gonorrhoe. Hier haben Auswertungen mit dynamischen Rechenmodellen die begründete Notwendigkeit ergeben, Bekämpfungsmaßnahmen auf „Hochrisikosegmente" der Gesamtbevölkerung zu konzentrieren (Yorke, 1978, Hethcote, 1982). Eine – anscheinend bereits erwiesen effektive – Impfung würde auch hinsichtlich der traditionellen Moral einige ungewöhnliche Folgerungen mit sich bringen, die wiederum die Anwendung und Verfügbarkeit eines solchen Impfstoffes beeinflussen könnten (Impfung von Jugendlichen, mit oder ohne elterliche Zustimmung). Ein anderes, besonders anschauliches Beispiel der Wirksamkeit von präventiven Maßnahmen, die weitgehend mit epidemiologischen Methoden begründet wurden und auch noch immer entsprechend ausgewertet werden, ist die Phenylketonurie (PKU). PKU ist eine Stoffwechselkrankheit, die zu geistiger Behinderung führt, wenn sie nicht behandelt wird. Die Stoffwechselkrankheit betrifft eine Schwäche bei der Verwertung der wichtigen Aminosäure Tyrosin, die in der Nahrung zusätzlich zugeführt werden muß, wenn eine solche Erkrankung diagnostiziert wird. Wenn eine Mutter die Erbanlage für PKU in sich trägt, ist die Wahrscheinlichkeit groß, daß ein Kind geistig behindert ist, solange der Tyrosinmangel nicht durch eine spezielle Diät ausgeglichen wird. Diese Erkenntnis führte dazu, alle Säuglinge gleich nach der Geburt auf das Vorliegen dieser Stoffwechselstörung zu untersuchen, und seit Einführung des PKU-Tests sind diese verhütbaren Formen der geistigen Behinderung nicht mehr aufgetreten. Hier haben die biochemische Forschung, Kindermedizin und Humangenetik, eng mit der epidemiologischen Krankheitsforschung integriert, zu einem beachtlichen Erfolg geführt. Eine Erweiterung eines derartig erfolgreichen Vorgehens um die Auswertung der bei den Tests anfallenden geringen Blutmengen für weitere Untersuchungen wird augenblicklich gerade entwickelt. Von Vogel und Altland (1982) wurde eine Methode entwickelt, mit der die Blutstropfen der Säuglingsuntersuchung auf PKU für die Bestimmung von Varianten des roten Blutfarbstoffs Hämoglobin und anderer Serumeiweißstoffe erfolgen kann. Diese Methode erlaubt, bei allen neugeborenen Kindern die Abweichungen in der Zusammensetzung des Hämoglobins oder der Serumeiweiße zu bestimmen, und in einer Pilotuntersuchung in Hessen an 20000 solchen Blutproben wurden 33 Varianten entdeckt. Hiermit wäre die Möglichkeit gegeben, ein Monitoring der Bevölkerung auf Abweichungen von der zu erwartenden Häufigkeit bestimmter erblich bedingter Eigenschaften durchzuführen. Ein solches Monitoring in der Umgebung von Kernkraftwerken oder anderen vermuteten Risikoquellen für die menschliche Gesundheit könnte zusammen mit der Untersuchung von kindlichen Mißbildungen oder der Häufigkeit von Fehlgeburten zur Erkennung von Schadstoffen in der Umwelt beitragen, die zur Veränderung der Erbeigenschaften führen. In diesem Sinne wird auch häufig von einer systematischen

Erfassung solcher Veränderungen durch Krankheitsregister, wie z. B. Mißbildungsregistrierung, gesprochen. In Finnland werden diese wichtigen Indikatoren der Veränderungen menschlicher Gesundheit bereits routinemäßig registriert. Hier ist ein Gebiet, auf dem Politiker und Gesundheitspolitiker noch stärker auf die Möglichkeiten der Überwachung der Gesundheit aufmerksam zu machen sind (vgl. Kapitel „Strategien und Umweltfaktoren“). Dazu gehören auch Aspekte der möglichen Veränderungen im mikroskopischen Bereich, der nicht ohne weiteres durch die bisher verfügbaren medizinischen Untersuchungen erfaßt werden kann. Vor Einführung des PKU-Tests war ja die Häufigkeit der Stoffwechselkrankheit PKU als unvermeidlich hingenommen und wegen ihrer Seltenheit auch zunächst gar nicht mit Priorität behandelt worden.

Es soll hier nicht verschwiegen werden, daß die Abweichungen in der Krankheitshäufung und sog. Mutationen von Eigenschaften, die ohnehin als Varianten in der gesamten Bevölkerung auftreten können, nicht einfach zu erkennen oder von Zufallsschwankungen zu unterscheiden sind. So müßte, um eine Abweichung oder eine Mutationsrate als sicher zu erkennen, eine Bevölkerung von mehreren Millionen untersucht werden. Hierbei liegt die Betonung auf einer sicheren Veränderung gegenüber einem eventuell nur sich andeutenden Trend. Oft werden in der Epidemiologie Veränderungen im Sinne einer konsistenten, aber noch nicht statistisch zu sichernden Häufung in einer bestimmten Richtung jedoch bereits als wichtiger Hinweis für eine Veränderung der möglichen Ursachen gewertet. In diesem Sinne spricht man auch von Sentinel- oder Wachtposten-Faktoren, deren Beobachtung die schnelle Erkennung der Veränderung von Umweltbedingungen ermöglicht. Ein Beispiel dafür sind auch die Krebskrankheiten und die Erkennung der Veränderung von Neuerkrankungsraten (im Gegensatz zu den Sterberaten). Um Neuerkrankungsraten sicher und zuverlässig zu erfassen, werden Krankheitsregister benötigt. Krebsregister werden in vielen Ländern der Welt bereits seit Jahrzehnten mit großem Erfolg geführt. Mit Hilfe von Krebsregistern wurden nicht nur die Veränderungen der Krebshäufigkeit in der Bevölkerung, sondern auch die Wirksamkeit von Vorsorgemaßnahmen und Früherkennungsprogrammen zur frühzeitigen Bekämpfung einer neu aufgetretenen Krebsgefährdung ausgewertet. Die Bedeutung der Krebsregister wird auch in der Bundesrepublik in zunehmendem Maße erkannt, und die Bemühungen, in den einzelnen Bundesländern regionale Krebsregister zu schaffen, sind im Augenblick in vollem Gang.

Beispielhafte Beiträge der epidemiologischen Forschung wurden bereits ausführlich behandelt (s. oben). Umfassendere Würdigungen der Erfolge der Epidemiologie finden sich in der einschlägigen Literatur sowie – besonders im Zusammenhang mit der Diskussion um den Datenschutz – in den Fachzeitschriften.

XIV. STRATEGIEN UND UMWELTFAKTOREN

Nachdem in den vorangehenden Kapiteln die Methoden epidemiologischer Untersuchungen ausführlich dargestellt wurden, bleibt jetzt noch die Frage, welche Methoden für welche Probleme und Fragestellungen eingesetzt werden sollen, kurz gesagt: die nach der epidemiologischen Strategie. Saracci hat 1978 epidemiologische Strategien vorgestellt, wie er sie als Epidemiologe erwägt, der die Gesundheit vom Blickwinkel der Umwelt sieht. Unter Umweltfaktoren sollen materielle und soziale Faktoren verstanden werden, über die der einzelne keine direkte Kontrolle mehr hat. Auf diesem Gebiet kann man sich vier Vorgehensweisen im weiteren Sinne vorstellen, die nicht nur epidemiologische Methodik erfordern, sondern auch das persönliche Engagement des Epidemiologen. Hierzu gehört, daß man nicht nur neue ätiologische Faktoren zu entdecken versucht (wie sich bisher die Hauptaufgabe der Epidemiologie – allerdings vordergründig – darstellt), sondern auch Veränderungen bei schon bekannten ursächlichen Faktoren zu überwachen bemüht ist, mit Nicht-Epidemiologen über die Notwendigkeit der Kontrolle solcher Faktoren kommuniziert und sich schließlich zur Beratung von Entscheidungsträgern und Politikern bereit zeigt. Letzteres wird selbst dann erforderlich, wenn von seiten der Politiker vielleicht noch keine Notwendigkeit gesehen wird, sich um den Rat der Epidemiologen zu bemühen. Besonders für Industrieländer hat es sich als erforderlich erwiesen, solche Strategien zu beachten.

1. Entdeckung neuer ursächlicher Faktoren

Obwohl es weitaus bessere und präzisere Methoden gibt, ist die geographische Pathologie wieder als Untersuchungsmethode in den Vordergrund gerückt, nachdem man erkannt hat, daß man mit der kartographischen Darstellung der Krebsmortalität relativ präzise bestimmte Regionen und Subregionen kennzeichnen kann, in denen sich offensichtlich Krebsgefährdungen finden lassen (Becker et al., 1984). Ebenso sind mit Registern für die Erfassung von Krebskrankheiten und von Nebenwirkungen von Medikamenten auch neue Instrumente für die Arbeit des Epidemiologen eingeführt worden. Auf der Basis solcher Register können Fall-Kontroll-Techniken zur systematischen Erforschung bestimmter Hypothesen dienen. Schließlich werden sogar Kohorten und Fall-Kontroll-Studien kombiniert eingesetzt. Ein Beispiel dafür war eine großangelegte Studie unter Arbeitern der Gummiindustrie in den USA. Die Kohortenstudie war in der Lage, die Erkrankungs- und Todesfälle an bestimmten Krebsformen bei einer großen Zahl von Gummiarbeitern zu identifizieren. Anschließend daran wurde mit diesen Krebsfällen und entsprechenden Kontrollpersonen eine weitere Suche nach den genauen Bedingungen angeschlossen, unter denen die an Krebs erkrankten Personen gearbeitet hatten (Keil, 1981).

Zur Verbesserung dieser Art des Vorgehens sind Forderungen erhoben worden, wie z. B. besserer Zugang zu vorhandenen Daten, bessere Erhebungsmethoden für Umweltgefährdungen chemischer und physikalischer Art und die Verbesserung des Vorgehens bei kombinierten Expositionen, also sogenannten Misch-Expositionen. Ein Beispiel dafür ist die Kombination des bekannten Risikofaktors Zigarettenrauchen mit einem anderen bekannten und gefürchteten Berufsrisiko, dem Asbeststaub (Saracci, 1977).

In vielen Ländern sind Bemühungen zur Verbesserung der Datenerhebung im Gange. Will man jedoch die bereits bestehenden Einrichtungen nutzen, so sollten diese Bestrebungen besonders dort verstärkt werden, wo bereits Krebsregister oder andere Krankheitsregister existieren. Zusätzlich zu diesen Erfassungen von Morbidität, also dem Resultat von möglichen Umweltschäden, sollten zumindest unter Verdacht stehende Umweltrisikofaktoren gleichermaßen gemessen und erfaßt werden. Dies gilt selbst dann, wenn die schädliche Wirkung bereits viele Jahre vor dem Auftreten der Krankheit einsetzen muß, da ja Krankheitsregister eine langfristige Zielsetzung haben und daher auch in 10 Jahren noch entsprechende Daten vorliegen werden, wofür dann auch die Umweltmeßwerte von heute benötigt werden. Ein Vorschlag seitens der internationalen Krebsforschungsbehörde der WHO geht dahin, in Ländern mit erfolgreicher Krebsregistrierung bevorzugt die erforderlichen zusätzlichen und vor allem systematischen Erhebungen zu fördern, um damit auch die auf die Umweltschäden gerichteten ätiologischen Studien zu beschleunigen. Angesichts einer in vielen Ländern der Welt existierenden und teilweise langfristigen Krebsregistrierung sowie Erfassung anderer gesundheitlicher Indikatoren soll dieses Projekt möglichst weltweit in Gang gesetzt werden.

Für die sehr interessante Untersuchung von Kombinationseffekten werden augenblicklich verstärkt Methoden untersucht, die auf bestimmten Modellvorstellungen basieren, wie z. B. einer additiven Wirkung mehrerer Faktoren im Vergleich zu einer mehr multiplikativen Wirkung bei Annahme bestimmter biologischer Eigenschaften der untersuchten Faktoren. Wichtig erscheint dabei, das inzwischen vorhandene Wissen sinnvoll zu integrieren.

2. Die Überwachung von Veränderungen von bereits bekannten ursächlichen Faktoren

Hier geht es mehr um die systematische als gelegentliche Überwachung solcher Veränderungen, besonders in Richtung einer Garantie, daß die Erkenntnisse aus früheren Forschungsbemühungen auch sinnvoll in Verhütung umgesetzt werden. Man muß sich schließlich klar werden können, ob die Veränderung oder Beseitigung einer Gefährdung auch wirklich einen Effekt hinsichtlich der Verbesserung der Gesundheit hat. Es sieht so aus, als ob die Überwachung bekannter Gefährdungen weniger kompliziert ist als die Entdeckung neuer Risikofaktoren; doch läßt auch diese Aktivität noch eine Menge technischer und methodischer Probleme erkennen. Anhand welcher Gesundheitsindikatoren soll man eigentlich die Veränderungen und Verbesserungen der Gesundheitsvorsorge nach Erkennung von Risikofaktoren beurteilen?

Eine für das Monitoring geeignete Variable ist die soziale Klasse, zu der Personen gehören. In Ländern mit hohem Lebensstandard gibt es deutliche Variationen der Gesamtsterblichkeit oder auch der Sterberaten an Krebs oder Herz- und Gefäßkrankheiten im Vergleich zwischen Angehörigen bestimmter Berufsgruppen oder sozialer Gruppen. So kann die Sterberate von ungelernten Arbeitern an allen Todesursachen gemeinsam bis zu dreimal höher sein als die von Mitgliedern einer Sozialklasse mit der höchsten Bildungs- oder Einkommensgruppe. Sogar die Krebssterberaten können mehr als zweimal höher sein, wie es am Beispiel der nach Sozialklassen geschichteten Sterberaten der 45–54jährigen Männer in Frankreich 1966–1971 zu erkennen ist. Ähnliche Befunde kann man seit jeher auch in England feststellen, und ein Vergleich der Sterberaten der Jahre 1921–1923 mit denen von 1970–1972 hat gezeigt, daß die Unterschiede zwischen den sozialen Klassen sich eher vergrößert als verkleinert haben. Während die Sterblichkeit in den höheren sozialen Klassen abgesunken ist, hat sie sich in den drei unteren Klassen der Altersgruppen 45–55 und darüber entweder nicht verändert oder ist sogar angestiegen. Die früher als Krankheit der Armen bezeichneten Todesursachen Tuberkulose, Bronchitis und rheumatische Herzerkrankung sind noch immer sehr ausgeprägt in der unteren sozialen Schicht; für die neueren Krankheiten der Überflußgesellschaft, wie Diabetes und Herzkranzgefäßkrankheiten, hat sich dagegen der Befund eines sozialen Gradienten fast umgekehrt, so daß die niedere soziale Schicht mehr in diese Risikobereiche aufgerückt ist.

Hier kann man also erkennen, daß für die Sterberaten auch Indikatoren der sozialen Schicht oder des Lebensstandards eine Rolle spielen können. Andere solche Gesundheitsindikatoren sind die Neuerkrankungsraten, das Geburtsgewicht bei Säuglingen oder Größe und Gewicht im Schulalter. Diese Indikatoren haben grundsätzlich die gleiche Verteilung der Frühsterblichkeit oder der Sterblichkeit an bestimmten Todesursachen erkennen lassen wie das Meßinstrument soziale Klasse. Somit kann dieser Indikator als Schlüsselvariable betrachtet werden, die anscheinend sehr viel zu den Langzeitauswirkungen chronischer Krankheiten beiträgt. Die Gründe dafür liegen wahrscheinlich auch in der Inanspruchnahme der Gesundheitsdienste, die sicher in den verschiedenen sozialen Klassen unterschiedlich ist. Es wird auch spekuliert, daß die Perzeption von Krankheit (sich krank zu fühlen und für Abhilfe zu sorgen) ebenfalls stark variiert und mit dem Stand der Bildung oder der Unabhängigkeit von Arbeitsstätte oder beruflicher Stellung zusammenhängt. Die Beachtung dieser Einflußfaktoren ist für das Monitoring von besonderer Bedeutung, um die eigentliche Meßgröße, nämlich den Einfluß der Umweltfaktoren, erfassen zu können. Hier ist es möglich, mit epidemiologischen Methoden zu bestimmen, ob eine Umweltmaßnahme überhaupt einen gleichen Schutzeffekt für alle sozialen Klassen bringt, und wenn nicht, auf welche Zielgruppen eine größere Aufmerksamkeit verwendet werden soll, um eine gesundheitsschützende Intervention zu betreiben. Obwohl die Überwachung von Beruf und Todesursachen bereits im letzten Jahrhundert von William Farr in England eingeführt wurde und seitdem dort jede Todesbescheinigung auch den Beruf enthält, ist dieses regelmäßige und ausführliche Monitoring von Krankheit und Gesundheit nach sozialer Klasse in vielen Industrienationen noch nicht verfügbar.

In Deutschland gibt es nur wenige einschlägige Studien, die die soziale Klasse in die Betrachtungen einbezogen haben (Keil, 1975, Frentzel-Beyme 1980a), wohl wegen des allgemeinen Vorurteils, daß solche Angaben nicht verläßlich sind und sich damit keine wissenschaftliche Forschung betreiben läßt. Wie bereits aus einigen erwähnten Beispielen erkennbar, spielt auch das zeitliche Element eine große Rolle bei solchen Betrachtungen. Hier kommt die Bedeutung der Dauer nach der ersten Einwirkung einer gesundheitsgefährdenden Substanz bis zum Auftreten einer Krankheit besonders deutlich zum Ausdruck. Bei einer Studie in England, die der Untersuchung von Gesundheitsfolgen nach Asbesteinwirkung in der Textilindustrie diente, zeigte sich, daß bei den Beschäftigten, die von 1933 bis 1964 in eine Fabrik eingetreten waren, noch keine auffälligen Veränderungen der Lungenkrebshäufigkeit zu entdekken war, auch wenn sie mehr als 10 Jahre beschäftigt waren. Eine zweite Untersuchung 10 Jahre später ergab dann doch einen deutlichen Überschuß an Lungenkrebsfällen, wenn die Personen mit länger als 20 Jahren Beschäftigungszeit und besonders mit mehr als 20 Jahren Beobachtungszeit betrachtet wurden. Hierbei war beachtenswert, daß im Jahre 1933 bereits eine Verbesserung der Arbeitsschutzbestimmungen in England erfolgte, woran anschließend dann eigentlich die Gefährdung durch Asbest absinken sollte. Hohe Lungenkrebsraten vor dieser Regulation hatten zu einer Untersuchung geführt, ob daran anschließend Lungenkrebs seltener würde. In der ersten Studie schien das der Fall zu sein, während eine längere Beobachtungszeit doch ein noch erhöhtes Risiko, wenn auch geringer als in der Phase vor 1933, zum Vorschein brachte.

Zwei allgemeine Anmerkungen sollen die Effektivität des epidemiologischen Monitoring bei der Bekämpfung von Umweltrisiken illustrieren (Knox, Holmes, Doll und Hill, 1968):

Erstens, daß die Überwachung von Langzeiteffekten beim Menschen bestimmte Grenzen hat, die sich als schwerwiegend erweisen können. Im Falle eines Überschusses an Krebsfällen spielt der Zeitfaktor eine Rolle, da zu der Zeit, wo Krankheitsfälle häufiger auftreten, die mögliche Ursache schon längst beseitigt sein kann, wie z. B. ein chemisches Karzinogen, das auf Grund von Tierversuchen bereits als gesundheitsgefährdend erkannt worden ist. Dabei werden solche Substanzen oft durch andere ersetzt, die ungefährlich zu sein scheinen und ihre Auswirkungen auch erst 20 Jahre später zeigen werden. Somit kann ein epidemiologisches Monitoring als System die Wirksamkeit verlieren, je mehr technische Verbesserungen sowie auch kommerzielle Erwägungen zur Ablösung chemischer Verbindungen durch andere führen.

Damit wird zweitens notwendig, nach einer wirksamen Alternative zu suchen, die oft in Laboruntersuchungen und Tierversuchen gesehen wird. Diese Ergebnisse sind anerkanntermaßen nur von bedingter Relevanz für den Menschen, so daß auch in Zukunft das natürliche Experiment unter Menschen die eigentlich wichtige Informationsquelle für die Frage bleiben wird, welche Umweltrisiken eigentlich für den Menschen (und nicht für Versuchstiere) gefährlich sind.

3. Praktische Fragen der Kommunikation und Umsetzung

Als der dritte strategische Punkt wurde die Kommunikation mit Nicht-Epidemiologen genannt. Hierbei geht es um praktische Fragen bei der Beseitigung von Umweltgefahren in der Zusammenarbeit von Spezialisten verschiedener Fachrichtungen. Dabei wird betont, daß die Epidemiologie durchaus in der Lage ist, Informationen über die Gesundheitswirkungen fast jeder der Tausende von Chemikalien in der Welt zu geben. Dafür sind aber nicht nur verbesserte Kommunikationswege zwischen Spezialisten erforderlich, zu denen Industriehygieniker, Chemiker und Toxikologen gehören, sondern auch die Beantwortung der Frage, welche Prioritäten hinsichtlich der Vorrangigkeit bestimmter besonders wirksamer Verbindungen gesetzt werden sollen. Ein Beispiel für eine Alarm- und Notstandssituation hatte sich im Juli 1976 ergeben, als eine Wolke von Dioxin (TCDD) aus einer chemischen Fabrik in die Umwelt entwich[1] und die Dörfer um den Ort Seveso in Italien mit einer Giftwolke bedeckte. Bei dieser Gelegenheit zeigte sich, daß die ganze Maschinerie des Gesundheitswesens und der Epidemiologie nicht optimal reagieren konnte, vor allen Dingen wegen der

[1] Eine mögliche Gesundheitsgefährdung für 75 Beschäftigte, die während eines 1953 ebenfalls unbeabsichtigt aufgetretenen Alarmfalles in der BASF gegenüber Dioxin exponiert waren, wurde mit einer epidemiologischen Studie untersucht. Die Ergebnisse deuten auf eine mögliche Krebsgefährdung für bestimmte Organe hin und haben bezüglich einer zunehmenden Umweltbelastung infolge ähnlicher unkontrollierter Reaktionen oder in Form von Verunreinigungen landwirtschaftlicher und militärisch genutzter Pflanzenvertilgungsmittel eine gewisse Bedeutung (Thiess et al., 1982).

mangelhaften Kommunikation nicht nur zwischen einzelnen Spezialisten, sondern auch mit der exponierten Bevölkerung in den betroffenen Orten.

Zur Verbesserung dieser Situation hat Saracci zwei Aspekte herausgehoben:

1. Daß es einen Bedarf an Forschung über das Zusammenspiel zwischen Epidemiologie, Psychologie und Soziologie gibt, und zwar besonders über die besten Möglichkeiten, die quantitativen Informationen über Gesundheitsrisiken den verschiedenen Teilen der betroffenen Bevölkerung oder auch den Verwaltungsfachleuten, Managern und Gesundheitspolitikern zu vermitteln. Da die Gefahr der subjektiven Interpretation von Risiken das Individuum und ganze Bevölkerungsgruppen betreffend immer deutlicher wird, müssen Unsicherheiten und auch auf Wahrscheinlichkeiten beruhende Aussagen im allgemeinen auch komplexe psychologische Prozesse hervorrufen, wobei eben leider oft nicht genug über die Auswirkungen der Befunde und Informationen über vermutete Umweltgefährdungen bekannt ist. Es gibt ja häufig das Paradox, daß mit dem Ansteigen der Informationen und Warnungen die Bereitschaft, sich noch um Verbesserung und persönliche Prävention zu bemühen, abnimmt, weil man durch die Masse der Gefährdungen überwältigt ist und keine Möglichkeit mehr sieht, sich überhaupt noch zu schützen. Saracci schlägt vor, jährliche Inzidenzraten-Kataloge als Ausgangsmaterial verfügbar zu machen, so daß sich jeder Interessierte ausreichend informieren kann. Hier wird aber eben die Interpretation solcher Befunde bedeutsam, die sich durchaus erklären lassen können und selbst noch keinen Hinweis auf eine Ursache-Wirkung-Beziehung erlauben.

2. Es wird ein großer Bedarf an Verbesserung der Kommunikation der Epidemiologen mit der Bevölkerung gesehen, sowohl direkt als auch indirekt über Medien und andere Wege der Kommunikation. Hier wird als Hauptziel die Entwicklung einer weitgehend informierten öffentlichen Meinung angestrebt, was sicherlich nicht nur dem Informationsbedürfnis, sondern auch der Zusammenarbeit in Zeiten einer epidemiologischen Untersuchung äußerst dienlich wäre.

4. *Prävention als Dilemma der Epidemiologen*

Die vierte Strategie wird als Beratung von Entscheidungsbefugten (Decisionmaker) erkannt und darauf zurückgeführt, daß Epidemiologen oft als Berater bei Entscheidungen in der Umweltforschung herbeigerufen werden. Mit dem Ansteigen der Anstrengungen zur Verbesserung der Umwelt werden in vielen Ländern auch diese beratenden Funktionen zunehmen. In Deutschland zeigte sich das bei der häufig kontroversen Diskussion um Strahlenschäden durch Kernkraftwerke oder auch für die Findung von Grenzwerten bei der Regulierung der TRK-Werte der Luftverschmutzung und vor kurzem auch der beruflichen und Umweltbelastung durch Asbest. Den Epidemiologen werden damit beträchtliche Verantwortungen aufgebürdet, auch wenn große Möglichkeiten der Verbesserung der Umweltsituation gegeben sind.

Saracci erinnert hierbei an den Unterschied zwischen früheren und heutigen Epidemiologen, wobei die frühere Generation sich oft noch mit der Kontrolle von Epidemien auf dem Gebiet der übertragbaren Krankheiten beschäftigte und damit durchaus aktiv Entscheidungen treffen und deren Auswirkungen beurteilen konnte. Solche Möglichkeiten zeigten sich nicht zuletzt bei der erfolgreichen Bekämpfung übertragbarer Krankheiten wie Pocken, Kinderlähmung und sogar der Tollwut. Bei den chronischen Krankheiten fällt es oft viel schwerer, Auswirkungen unmittelbar festzustellen und auch entsprechend zu reagieren.

Die neuere Generation der Epidemiologen hat darüber hinaus oft noch ein Dilemma zu überwinden, daß nämlich die heute angeschuldigten Substanzen und Risikofaktoren oft nicht lediglich unerwünschte Keime sind, deren Übertragung und Auswirkungen bekämpft werden müssen, sondern sich als Produkte unserer Wirtschaft, Artikel des täglichen Lebens oder unvermeidbare Nebenwirkungen notwendiger wirtschaftlicher und industrieller Prozesse erweisen. Bewertungen durch Epidemiologen bezüglich positiver und negativer Gesundheitswirkungen und von Umweltfaktoren müssen daher immer unabhängig von jeder Berücksichtigung anderer Aspekte, wie z. B. technologischer Brauchbarkeit, wirtschaftlicher Bedeutung und sogar Popularität eines Produktes vorgenommen werden. Das Dilemma, das mit dem Abwägen der Güter oft einhergeht, läßt sich schon daran erkennen, daß es inzwischen Tendenzen einer Epidemiologie in der Industrie und einer Epidemiologie in der umweltbewußten Bevölkerung zu geben scheint. Es ist hier nicht der Ort, näher auf diese Phänomene einzugehen; doch läßt sich oft nicht vermeiden, daß Ergebnisse einer epidemiologischen Studie doppelt kritisch angesehen werden müssen, wenn diese im Auftrag einer Interessengruppe durchgeführt wurde. Hier wird die Forderung nach Objektivität gleich mit den Kriterien der Objektivität verbunden, und der einzige Weg zu einer objektiven Vorgehens- und Darstellungsweise ist, daß nicht nur die Daten und die Interpretation, sondern auch die subjektiven Prämissen einer epidemiologischen Untersuchung öffentlich dargelegt werden. Hierzu gehört dann auch die Feststellung, welches Risikoausmaß noch als vernachlässigbar angesehen wird, ob dieses Ausmaß gegenüber jedem einzelnen anwendbar ist, welches Niveau einer statistischen Nachprüfbarkeit und Zuverlässigkeit festgelegt wird und ob man bestimmte Risiken als akzeptabel betrachtet, weil man sich ihnen freiwillig aussetzt (z. B. beim Zigarettenrauchen), während man ein ähnliches Risiko, wenn es von anderer Seite kommt, nicht akzeptieren würde.

Epidemiologen, das soll abschließend festgestellt werden, sollten als Vertreter der Bevölkerung und sogar der schwächsten Glieder (der anfälligsten Teile der Bevölkerung) denken und handeln, sich aber andererseits unablässig über ihre eigene professionelle Verantwortung und ethischen Verpflichtungen klar werden beim Bemühen, den vielfachen Beeinträchtigungen der Gesundheit nachzugehen und für deren Beseitigung zu sorgen. Der Epidemiologie kommt damit die Aufgabe des öffentlichen Diagnostikers zu.

Ziel aller Strategien ist die Primärprävention, das Verhüten von Krankheiten überhaupt.

LITERATUR

Anderson, R. M., R. M. May (Hrsg.): Population Biology of Infectious Diseases. Dahlem Konferenzen, Life Sciences Research Report 25, Springer, Berlin–Heidelberg–New York 1982.

Basler, H. D., J. Collatz, U. Keil, H. J. Mitzurai, M. Pflanz, M. Schaefer, D. Schwoon: Zur Problematik der Diabetes-Früherkennung. Dtsch. Med. Wschr. 38, 1437–1438, 1972.

Becker, N., R. Frentzel-Beyme, G. Wagner: Krebsatlas der Bundesrepublik Deutschland – Cancer Mortality in the Federal Republic of Germany. Springer, Berlin–Heidelberg–New York–Tokyo, 1984.

Berkson, J.: Limitations of the application of the fourfold table analysis to hospital data. Biometrics Bull., 2, 47–53, 1946.

Brennecke, R., E. Greiser, H. A. Paul, E. Schach (Hrsg.): Datenquellen für Sozialmedizin und Epidemiologie. Medizinische Informatik und Statistik, Bd. 29 Springer, Berlin–Heidelberg–New York 1981.

Breslow, N. E., N. E. Day: Statistical Methods in Cancer Research. I. The Analysis of Case-Control Studies. IARC Scientific Publications, No. 32, Lyon 1980.

Borch-Johnson, K., T. Mandrup-Poulsen, B. Zachau-Christensen, G. Joner, M. Christy, K. Kastrup, J. Nerup: Relation between breast-feeding and incidence rates of insulin-dependent Diabetes mellitus. A hypothesis. Lancet II, 1083–1086, 1984.

Brown, C. C., K. C. Chu: Implications of the Multistage Theory of Carcinogenes Applied to Occupational Asenic Exposure. J. Ntl. Cancer Inst. 70, 455–463, 1983.

Christie, M., A. Green, B. Christan, H. Kromann, J. Nerup: Epidemiologic Studies of Insulin-Dependent Diabetes Mellitus. Diab. Care 2, 127–130, 1979.

Cole, P.: Persönliche Mitteilung, 1976.

Day, N. E., C. C. Brown: Multistage Models and Primary Prevention of Cancer. J. Nat. Cancer Inst. 64, 977–989, 1980.

Day, N. E.: The Uses of Routine Cancer Occurrence Statistics in Epidemiological Research. IARC, Lyon, 1980.

Doll, R., R. Peto: Mortality in relation to smoking: 20 years' observations on male British doctors. Br. Med. J. 2, 1525–1536, 1976.

Doll, R., R. Gray, B. Hafner, P. Peto: Mortality in relation to smoking: 22 years' observations on female British doctors. Br. Med. J. 280, 967–971, 1980.

Fassl, H.: Gesundheitsstatistik als politische Waffe mißbraucht. Behauptungen einer extremen ärztlichen Oppositionsgruppe – analysiert und widerlegt an Hand der Beispiele „Müttersterblichkeit" und „Säuglingssterblichkeit". Dt. Ärzteblatt 6, 345–352 und 7, 430–437, 1976.

Fassl, H.: Mortalität. In: (H. Schaefer, Hrsg.): Umwelt und Gesundheit – Aspekte einer Sozialen Medizin (Funkkolleg). Fischer Verlag, Frankfurt 1982, p. 153.

Fine, P. E. M.: The Control of Infectious Diseases. Group Report. In (R. M. Anderson und R. M. May, Hrsg.): Population Biology of Infectious Diseases. Dahlem Konferenzen Life Sciences Research Report 25, Springer, Berlin–Heidelberg–New York 1982.

Fraser, D. W., J. E. McDade: Legionellosis. Scient. Amer. 241, 82–96, 1979.

Frentzel-Beyme, R. R.: Variation of Age-specific Blindness Rates – One Indicator for Mortality from Onchocerciasis? IIIrd International Congress of Parasitology. Proceed. Vol. II. Facta Publication, pp. 599–600, Verlag H. Egermann, Wien 1974.

Frentzel-Beyme, R. R.: The Geographical Distribution of Onchocerca volvulus Infection in Liberia. Tropenmed. Parasitol. 26, 70–87, 1975a.

Frentzel-Beyme, R. R.: Visual Impairment and Incidence of Blindness in Liberia and their Relation to Onchocerciasis. Tropenmed. Parasitol. 26, 469–488, 1975b.

Frentzel-Beyme, R. R.: Epidemiologisches Vorgehen in der Arbeitsmedizin bei der Beurteilung des Berufsrisikos für Krebs. In: Sozialpathologie – Epidemiologie in der Forschung. Wiss. Jahrestagung der Deutschen Gesellschaft für Sozialmedizin e. V. A. W. Gentner, Stuttgart 1976.

Frentzel-Beyme, R. R., U. Keil, M. Pflanz, R. Struba, G. Wagner: Mortalitätsdaten und Mortalitätsstatistik – Bedeutung für Gesundheitswesen und epidemiologische Forschung. Münch. Med. Wschr. 122, Nr. 24, 1980.

Frentzel-Beyme, R. R.: Epidemiologische Studien und Luftverunreinigung: Eine Kritik am Beispiel einer Mortalitätsstudie für den Rhein-Neckar-Raum. VDI-Berichte 358, 199–209, 1980a.

Frentzel-Beyme, R. R.: Kohortenstudien unter Chemiearbeitern. In: Anwendungsgebiete epidemiologischer Methodik, D. Borgers und K. W. Tietze (Hrsg.), Soz. Ep.-Berichte 3/1980, 93–100. Dietrich Reimer Verlag, Berlin.

Frentzel-Beyme, R. R.: Krebs als Todesursache. Analysen und Tendenzen. Krebs durch Luftverunreinigungen – ein Schwerpunkt der Umweltschutzdiskussion. Rhein.-westfäl. Techn. Überwachungsverein, Schriftenreihe 10, 12–25, 1980c.

Friedman, G. D.: Primer of Epidemiology. McGraw-Hill Book Comp., New York 1974.

Frost, W. H.: Epidemiology. In: Papers of Wade Hampton Frost, MD. – A Contribution to Epidemiological Method. Hrsg. K. F. Maxcy. New York, Commonwealth Fund, 1941, 493–542.

Gruenberg, E. M., L. le Resche: Future Promise of Preventive Trials: An Activist's View of Epidemiology in Disease Prevention. Vortrag auf der 2nd Alumni Conference der Johns Hopkins School of Hygiene and Public Health, Baltimore, 1978.

Hethcote, H. W., J. A. Yorke, A. Nold: Gonorrhoea Modelling: a Comparison of Control Methods. Math. Biosci., 35, 301–343, 1980.

Holzer, E., G. Ruckdeschel: Legionärskrankheit in Deutschland. Infection 7, 149, 1979.

Immich, H.: Medizinische Statistik. Eine Einführungsvorlesung. F. K. Schattauer Verlag, Stuttgart-New York, 1974.

Inman, W. J. W., A. M. Adelstein: Rise and Fall of Asthma Mortality in England and Wales in Relation to Use of Pressurised Aerosols. Lancet I, 279–285, 1969.

Johnson, S. K., R. E. Johnson: Tonsillectomy History in Hodgkin's Disease, N. Engl. J. Medicine, 287, 1122–1125, 1972.

Keil, U.: Soziale Faktoren und Mortalität. Fortschr. Med. 93, 805–806, 1975.

Keil, U.: Malignant Lymphogranulomas among Rubber and Tire Industry Workers: A Case-Control Analysis within a Cohort Study. Diss. Abstr. Int. 41, 9, 1981.

Kessler, I. I., M. L. Levin: The Community as an Epidemiologic Laboratory. A Casebook of Community Studies. The John Hopkins Press, Baltimore and London, 1970.

Kleinbaum, D. G., L. L. Kupper, H. Morgenstern: Epidemiologic Research. Principles and Quantitative Methods. Lifetime Learning, Publ., Belmont–London–Singapore–Sydney–Toronto–Mexico City, 1982.

Knox, J. F., S. Holmes, R. Doll, I. D. Hill: Mortality from Lung Cancer and other Causes among Workers in an Asbestos Textile Factory. Brit. J. Industr. Med. 25, 293–303, 1968.

Knox, E. G.: Strategy for rubella vaccination. Intern. J. Epidemiol. 9, 13–23, 1980.

Laaser, U.: Volkskrankheiten. In: Umwelt und Gesundheitsaspekte einer sozialen Medizin, Band 1 (H. Schaefer, unter Mitarbeit von D. Birr). Funkkolleg. Fischer Taschenbuch Verlag, Frankfurt a. M. 1982.

Laaser, U., P. Allhoff: Prävention im Wachstumsalter: Das kardiovaskuläre Risikoprofil bei Jugendlichen in Köln. Monatsschr. Kinderheilkd. 130, 760–766, 1982.

Laaser, U., P. Allhoff, A. Füller, D. Ganten, U. Keil, J. Stieber, K. Undeutsch: Hypertoniekontrolle, eine Gemeinschaftsaufgabe der Medizin. Med. Welt 33, 1289–1294, 1982.

Langham, M. E., R. R. Frentzel-Beyme, Zolu-Dumah Traub: Intraocular Pressure and Onchocerciasis Infection in Liberia. Ophthalmic Res. 7, 368–380, 1975.

Langmuir, A.: The Use of the "Blind" Problem in Teaching Epidemiology. Int. J. Epidemiol. 4, 253–256, 1975.

Last, J. M. (Ed.): A Dictionary of Epidemiology. A Handbook Sponsored by the IEA. Oxford University Press, New York–Oxford–Toronto 1983.

Liddell, F. D. K., J. C. McDonald, D. C. Thomas: Methods of Cohort Analysis: Appraisal by Application to Asbestos Mining. J. R. Statist. Soc. A. 140, 469–491, 1977.

Lilienfeld, A. M.: Foundations of Epidemiology. Oxford University Press, New York–Oxford, 1976.

Lilienfeld, A. M., E. Pedersen, J. E. Dowd: Cancer Epidemiology. Methods of Study. The Johns Hopkins Press, Baltimore, Maryland 1967.

Lilienfeld, A. M., D. E. Lilienfeld: What else is new? An historical excursion. Amer. J. Epidemiol. 105, 169–179, 1977.

Lilienfeld, A. M., D. E. Lilienfeld: Foundations of Epidemiology. 2. Auflage. Oxford University Press, New York 1980.

Lilienfeld, A. M.: Advances in Quantitative Methods in Epidemiology. Publ. Health Rep. 95, 462–469, 1980.

Lynge, E.: Regional Trends in Incidence of Cervical Cancer in Denmark in Relation to Local Smear Taking Activity. Int. J. Epidemiol. 12, 405–413, 1983.

MacMahon, B., T. F. Pugh: Epidemiology - Principles and Methods. Little, Brown and Co., Boston 1970.

Mann, G. V.: Diet-Heart: End of an Era. N. Engl. J. Med. 297, 644–650, 1977.

Mantel, N., W. Haenszel: Statistical Aspects of Data from Retrospective Studies of Disease. J. Nat. Cancer Inst. 22, 719–748, 1959.

Mainland, D. L.: The Risk of Fallacious Conclusions from Autopsy Data on the Incidence of Disease with Applications to Heart Disease. Amer. Heart J. 644–654, 1953.

Matanoski, G., R. Seltser, P. E. Sartwell, E. L. Diamond, E. A. Elliott: The Current Mortality Rates of Radiologists and Other Physician Specialists: Deaths from all Causes and from Cancer. Amer. J. Epidemiol., 101, 188–198, 1975.

Medawar, R. B.: The Art of the Soluble. Methuen, London 1967.

Mlczoch, F.: Neuere Lungenerkrankungen (Legionärskrankheit, alveoläre Lipoproteinose). Z. Allg. Med. 58, 87–90, 1982.

Møller-Jensen, O., C. Kamby: Intrauterine Exposure of Saccharine and Risk of Bladder in Man. Int. J. Cancer 29, 507–509, 1982.

Møller-Jensen, O.: Data Sources for Epidemiological Studies with special Regard to the Role of Cancer Registration. Vortrag, 28. GMDS-Tagung, Hamburg, 1983.

Monson, R. R.: Occupational Epidemiology. CRC Press, Boca Raton Florida, 1982.

Pedersen, E., A. C. Høgetveit, A. Andersen: Cancer of respiratory organs among workers at a nickel refinery in Norway. Int. J. Cancer 12, 32–41, 1973.

Pflanz, M.: Allgemeine Epidemiologie. Georg Thieme Verlag, Stuttgart 1973.

Prost, A., J. Vaugelade: La surmortalité des aveugles en zone de Savane ouest-africaine. Bull. Wrld. Hlth-Org. 59, 773–776, 1981.

Pyörälä, K.: Relationship of Glucose Tolerance and Plasma Insulin to the Incidence of Coronary Heart Disease: Results from Two Population Studies in Finland. Diab. Care, 2, 131–141, 1979.

Rolland, A., B. Thylefors, C. Pairault: Evolution sur neuf ans de l'onchocercose oculaire dans une communauté villageoise d'Afrique occidentale. Bull. Wrld. Hlth-Org. 56, 805–810, 1978.

Rothman, K. J., J. D. Boice: Epidemiologic Analysis with a Programmable Calculator. NIH Publications No. 79–1649, US Government Printing Office, Washington 1979.

Saarländische Krebsdokumentation 1975–1978. Krebsregistrierung im Saarland. Einzelschriften zur Statistik des Saarlandes, Nr. 60, Saarbrücken 1982.

Saracci, R.: Asbestos and Lung Cancer: An Analysis of the Epidemiological Evidence on the Asbestos-Smoking Interaction. Int. J. Cancer, 20, 323–331, 1977.

Saracci, R.: Epidemiological Strategies and Environmental Factors. Int. J. Epidemiol. 7, 101–111, 1978.

Schlesselman, J. J.: Case-Control Studies. Oxford University Press, New York 1981.

Seltser, R., P. E. Sartwell: The Influence of Occupational Exposure to Radiation on the Mortality of American Radiologists and other Medical Specialists. Amer. J. Epidemiol. 81, 2–22, 1965.

Stamler, R., J. Stamler, A. Dyer et al.: Asymptomatic Hyperglycemia and Cardiovascular Disease in Three Chicago Epidemiologic Studies.

Stieber, J., A. Döring, U. Keil: Häufigkeit, Bekanntheits- und Behandlungsgrad der Hypertonie in einer Großstadtbevölkerung. Ergebnisse der Münchner Bluthochdruck-Studie I. Münch. Med. Wschr. 124, 747–752, 1982.

Stolley, P.: Asthma Mortality. Why the United States was Spared an Epidemic of Deaths Due to Asthma. Amer. Rev. Respir. Dir., 105–883–889, 1972.

Susser, M.: Causal Thinking in the Health Sciences. Concepts and Strategies in Epidemiology. Oxford University Press, London–Toronto 1973.

Thiess, A. M., R. Frentzel-Beyme, R. Link: Mortality Studies of Persons Exposed to Dioxin in a Trichlorophenol-Process Accident that Occurred in the BASF AG on November 17, 1953. Am. J. Industr. Med., 3, 179–189, 1982.

Thiess, A. M., I. Fleig, R. Frentzel-Beyme: Mutagene und kanzerogene Gefahren am Arbeitsplatz. Öff. Gesundh.wesen 39, 471–484, 1977.

Vogel, F., K. Altland: Utilization of Material from PKU-Screening programs for mutation screening. Progr. in Mut. Res. 3 (K. C. Bora et al., Hrsg.), Elsevier Biomedical Press, Amsterdam, 143–157, 1982.

Wagner, G., R. Frentzel-Beyme: Krebsregistrierung in der Bundesrepublik Deutschland. In: O. Nacke u. G. Wagner (Hrsg.), Dokumentation und Information im Dienste der Gesundheitspflege. Bericht über die 18. Jahrestagung der GMDS, 1973, F. K. Schattauer Verlag.

World Health Organisation: Mortality and Morbidity Trends, 1969–1972. WHO Chronicle, 29, 377–386, 1975.

Wolter, F.: Die Grundlagen der beiden Hauptrichtungen in der epidemiologischen Forschung. Denkschrift zur Errichtung des Hamburgischen Forschungsinstituts für Epidemiologie. Pettenkofer Gedenkschrift VII. Band, 1. Heft, Verlag J. F. Lehmann, München 1926.

Yorke, J. A., H. W. Hethcote, A. Nold: Dynamics and Control of the Transmission of Gonnorhoe. Sex. Transmitted Dis., 5, 51–56, 1978.

REGISTER

Aus dem weiteren Programm

6022-9 Baader/Keil (Hrsg.):
Medizin im mittelalterlichen Abendland. (WdF, Bd. 363.)
1982. VII, 516 S., Gzl.

Die Erforschung medizinischer Texte des abendländischen Mittelalters ist bis heute Randgebiet der Mittellateinischen Philologie geblieben. Die gemeinsamen Bemühungen von Medizinern, Historikern, Theologen, besonders aber von Sprachwissenschaftlern und Philologen hat im Laufe der letzten fünf Jahrzehnte zu neuen Ergebnissen geführt, die durch die hier gesammelten Beiträge dokumentiert werden.

8287-7 Jetter, Dieter:
Grundzüge der Geschichte des Irrenhauses. (Gz, Bd. 43.)
1981. IX, 244 S. mit 40 Abb., kart.

In großen Zügen werden typische, historisch und geographisch eingrenzbare Erscheinungsformen dieser Institution beschrieben. Es soll gezeigt werden, auf welch verschiedenen Wegen man versucht hat, geistig Behinderten durch Heilen und Helfen beizustehen.

8286-9 Juchems, Rudolf u. a.:
Herz- und Kreislaufkrankheiten. Eine Einführung.
1981. XVI, 292 S. mit 13 Tab. u. 60 Abb., kart.

Der Schwerpunkt ist auf die Klinik der Herz-Gefäßkrankheiten gelegt; die nichtinvasiven Untersuchungsmethoden sind folgerichtig stärker herausgestellt. In Kenntnis der ständig zunehmenden Schrittmachertherapie wurde dieser Behandlungsmethode ein eigenes Kapitel gewidmet; auch die Arteriosklerose ist wegen ihrer allgemeinen Bedeutung für Herz- und Gefäßkrankheiten in einem eigenen Beitrag kurz abgehandelt.

8285-0 Speckmann, Erwin-Josef:
Einführung in die Neurophysiologie.
1981. (II)IX, 129 S. mit 39 Abb., kart.

Reaktionsaustausch mit der Umwelt, Koordination spezieller Organfunktionen im eigenen Organismus sowie höhere psychische Leistungen beruhen auf der Funktion des Nervensystems. Die Elementarprozesse, die diesen komplexen Aktivitäten zugrunde liegen, werden anhand einfacher Systeme beschrieben und erläutert.

83/I

WISSENSCHAFTLICHE BUCHGESELLSCHAFT
Hindenburgstr. 40 **D-6100 Darmstadt 11**